Shirin Neshat

Shirin Neshat

KUNSTHALLE wien

Serpentine Gallery, London

HAMBURGER
KUNSTHALLE

Inhalt/Contents

Vorwort

Shirin Neshat verließ als Teenager den Iran, um in den USA Kunst zu studieren. Sie lebte in Los Angeles, als 1979 in ihrer Heimat die islamische Revolution ausbrach. Als sie 1990 erstmals wieder in den Iran zurückkehrte, war sie tief betroffen über die radikalen Veränderungen im Land und beschloß ihre Arbeit als Künstlerin wieder aufzunehmen, die sie nach Abschluß ihres Studiums jahrelang nicht weiter verfolgt hatte. In den Arbeiten, die seitdem entstanden sind, bezieht Neshat sich auf die geltenden gesellschaftlichen, kulturellen und religiösen Kodizes islamischer Gesellschaften und des Iran im spezielle. Dabei verwendet sie leicht kenntliche Symbole und unterläuft jedoch gleichzeitig konsequent alle Versuche einfacher bzw. einseitiger Interpretationen.

In ihrer Fotoserie *Women of Allah* (1993–1997) bildete Shirin Neshat sich selbst und andere Frauen im Tschador ab. Den vom Schleier unverhüllten Körperteilen, den Händen, den Augen, den Füßen schreibt sie in Farsi-Schriftzügen Texte ein. Die grafisch anzie-

Directors' Foreword

As a teenager, Shirin Neshat left Iran to study art in the United States, and she was in Los Angeles when the revolution of 1979 overtook her country. Returning for the first time to Iran in 1990, Neshat was deeply affected by her homeland's radical transformation and was galvanised into returning to working as a practising artist (a career she had put aside for years after completing her studies) to record her impressions of these changes. In the work she has made since then, Neshat refers to the social, cultural, and religious codes of Muslim societies in general, and Iranian society in particular, and uses recognisable symbols, like the veil, or chador, in a way that challenges attempts to interpret them too literally.

In her photographic series *Women of Allah* (1993–1997), Shirin Neshat photographed herself wearing the chador and the fragments of her body that the garment reveals – hands, eyes, and feet – and wrote over the images in the calligraphic script of Farsi. Calligraphy thus becomes a part of the photograph and the story it tells. Apart from

henden Kalligraphien werden so zu einem wichtigen Teil ihrer Fotografien und der von diesen erzählten Geschichten. Die Stärke dieser Arbeiten besteht darin, Antworten auf die von ihnen gestellten Fragen offen zu lassen: Sind sie Ausdruck einer Gegnerschaft des Fundamentalismus oder stellen sie westliche Sichtweisen des Islam in Frage?

Ende der neunziger Jahre begann Shirin Neshat mit dem Medium Video zu experimentieren. Sie ist von den filmischen Traditionen des Westen wie des Ostens gleichermaßen beeinflußt. Ihr besonderes Interesse gilt dem post-revolutionären iranischen Kino, wie es sich in den Filmen von Abbas Kiarostami beispielhaft darstellt. Für Shirin Neshat sind diese Filme „schlicht, präzis, poetisch, reduziert und kraftvoll und kritisieren die Gesellschaft, ohne den Anspruch zu erheben, kritisch zu sein."

Shirin Neshats Videoinstallationen sind Doppelprojektionen. Diese Aufteilung des Raumes deutet Hamid Naficy in seinem Katalogbeitrag nicht nur als formales Element, sondern als typische Reaktion von Filmemachern im Exil auf eine ihrer zentralen Herausforderungen: die Darstellung paralleler Zeiten und gleichzeitiger Räume in einem Medium, das durch lineare Zeit gegliedert ist.

Neben *Shadow Under the Web* (1997) und *Soliloquy* (1999) produzierte Shirin Neshat auch die Filme *Turbulent* (1998), *Rapture* (1999) und *Fervor* (2000). Letztere bilden zusammen eine Trilogie, die nun in Wien und London erstmals geschlossen gezeigt wird. In allen drei Filmen geht es um die Polarität und Dynamik zwischen Männern und Frauen in islamischen Gesellschaften, deren strikte Regeln und Tabus.

Wir freuen uns besonders, den Dialog der Kulturen mit der Ausstellung einer Künstlerin fortführen zu können, die von sich sagt: „Ich verstehe meine Arbeit als bildlichen Diskurs zum Thema Feminismus und zeitgenössischer Islam – als einen Diskurs, der bestimmte Mythen und Wirklichkeiten einer Prüfung unterzieht und zu dem Schluß kommt, daß diese viel komplexer sind als viele von uns gedacht hätten. Ich muß jedoch betonen, daß ich mich nicht als Expertin sehe, was dieses Thema anlangt, sondern mich eher als leidenschaftliche Forscherin verstehe. Ich stelle lieber Fragen, als Fragen zu beantworten."

Unser Dank gilt in erster Linie Shirin Neshat für ihre intensive Arbeit an der Konzeption und Realisation der Präsentation. Barbara Gladstone hat als großzügige Leihgeberin diese Ausstellung erst ermöglicht. Jessica Frost und Lodovica Busiri Vici aus ihrer Galerie unterstützten unser Projekt. Danken möchten wir weiters Ruth Noack und Hamid Naficy für ihre Textbeiträge. Ohne die Förderung der Stadt Wien wäre die Ausstellung nicht in dieser Form realisierbar gewesen. Ihnen und allen anderen, die an diesem Projekt mitgearbeitet haben, gilt unser besonderer Dank.

Gerald Matt	Julia Peyton-Jones
Kunsthalle Wien	Serpentine Gallery, London

their striking graphic appeal, the power of these works lies in their resistance to a one-sided interpretation: do they represent an opposition to fundamentalism or do they question western perceptions of Islam?

In the late 1990s, Shirin Neshat began experimenting with video. Whilst influenced by both the Western and Islamic cinematic traditions, Neshat has commented on her particular interest in post-revolutionary Iranian cinema, as exemplified by the films of Abbas Kiarostami. Neshat says about these films that their 'approach is simple, concise, poetic, minimalist and powerful as it criticizes society without claiming to do so.'

As double-screen projections, Shirin Neshat's video installations divide the space in a way that is interpreted by Hamid Naficy, in his contribution to this catalogue, not only formally, but also as a reaction typical of exiled film-makers to one of their central challenges: how to represent parallel times and simultaneous spaces in a medium structured by linear time.

Aside from *Shadow Under the Web* (1997) and *Soliloquy* (1999), Shirin Neshat has also produced the films *Turbulent* (1998), *Rapture* (1999) and *Fervor* (2000), which constitute a trilogy and will be presented together for the first time in Vienna and London. All three focus on the polarity and the dynamic between men and women in Islamic societies, governed as they are by strict rules and taboos.

We particularly appreciate this opportunity to continue the dialogue between cultures by exhibiting the works of an artist who says about herself: 'I see my work as a visual discourse on the subjects of feminism and contemporary Islam – a discourse that puts certain myths and realities to the test, claiming that they are far more complex than most of us have imagined. It is very important to point out, however, that I don't see myself as an expert on this subject. Rather, I consider myself a passionate inquirer. I prefer raising questions as opposed to answering them.'

We are indebted to Shirin Neshat for her dedicated co-operation in the planning and the realisation of this presentation of her work. We wish also to thank Barbara Gladstone for her generous loans, as well as Jessica Frost and Lodovica Busiri Vici from her gallery for the support they have given to our project. We would also like to extend our thanks to Ruth Noack and Hamid Naficy for their contributions to this catalogue. Without the support of the City of Vienna this exhibition would not have been possible. To them and to all the others who contributed to this project we would like to express our special gratitude.

Gerald Matt
Kunsthalle Wien

Julia Peyton-Jones
Serpentine Gallery, London

Im Gespräch mit Shirin Neshat

GERALD MATT Ihre Arbeit wird häufig im Zusammenhang mit Projekten oder Ausstellungen gezeigt, die sich mit einem Dialog zwischen verschiedenen Kulturen beschäftigen. Sie sind im Iran aufgewachsen und leben in den USA, stehen also nicht nur zwischen zwei Kulturen, sondern beziehen aus zwei sehr voneinander abweichenden kulturellen Hintergründen Ihre Anregungen. Und doch haben Sie in keiner der beiden Kulturen ein bestimmtes Publikum, wie Hamid Dabashi festgestellt hat. Inwiefern halten Sie überhaupt einen Dialog zwischen den Polen Exotik – so etwa der Gesichtspunkt, unter dem Ihre Arbeit im Westen gesehen wird – und Provokation – so etwa die Rezeption Ihrer Arbeit im Iran – für möglich?

SHIRIN NESHAT Wenn ich ein Projekt entwickle, versuche ich mich auf dessen Bedeutung innerhalb seines kulturellen Zusammenhangs zu konzentrieren – und nicht die Verbindungen zu anderen Kulturen oder meine Rolle als transkulturelle Künstlerin ins Spiel zu bringen. Es ist für mich unabdingbar, ein Thema von innen heraus darzustellen, um etwas Reines zu schaffen und nicht dem Druck von Parallelen zwischen verschiedenen Kulturen zu erliegen. Es geht darum, bestimmte Fragen einer bestimmten Kultur, die in großem Maß von aktuellen gesellschaftspolitischen Gegebenheiten bestimmt werden, in einer Weise anzusprechen, die auf einer emotionalen, intuitiven Ebene universelle Gültigkeit hat. Daher liegt für mich die Herausforderung darin, ein Gleichgewicht zwischen Ursprünglichkeit der Idee und universellem Tenor zu erzielen.

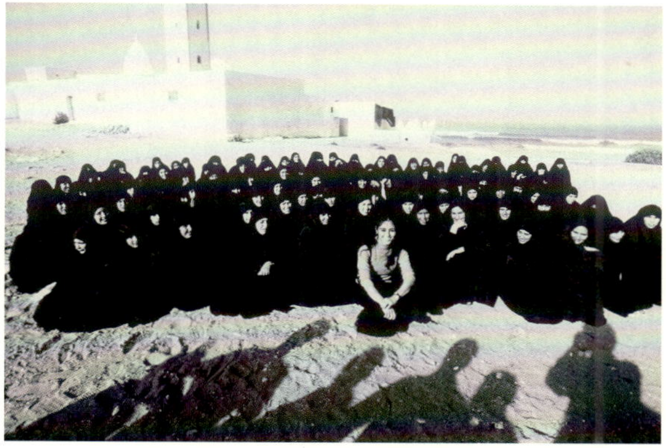

on set of Fervor, Morocco, February 2000

In Conversation with Shirin Neshat

GERALD MATT Your work is frequently presented in the context of projects or exhibitions concerned with a dialogue between different cultures. Having been raised in Iran and living in the USA, you not only stand between two cultures, but also take your artistic inspirations from these very divergent cultural backgrounds. At the same time, you do not have a certain audience in either of the two cultures, as Hamid Dabashi put it. To what extent do you consider a dialogue between the poles of exoticism – how your work is perceived in the West – and provocation – how your work is seen in Iran – to be at all possible?

SHIRIN NESHAT When I am in the process of making a work, I try to focus on the importance of the concept within its own cultural context, as opposed to its connections with other cultures or my position as a cross-cultural artist. It is absolutely critical for me to present the subject within its own terms, to retain purity and not become bogged down by the pressure of cross-cultural parallels. The point is how to address culturally specific issues, which are heavily based on particular socio-political agendas, in a way that is of universal value on an emotional, intuitive level. The challenge lies in the balance I have to strike between the originality of an idea and the thread of universality.

Unterschiedliche Kulturen legen unterschiedliche Grenzen fest. Sie haben einmal in bezug auf iranische Filmemacher und die Zensur im Iran gesagt, daß die Existenz von Grenzen das Verlangen fördere, zum Kern der Dinge vorzustoßen. Welchen Beschränkungen sind Sie als Künstlerin unterworfen, und welchen Einfluß haben diese Beschränkungen auf Ihre Arbeit?

Als ich mich mit den dem Islam zugrundeliegenden Traditionen und Philosophien zu beschäftigen begann, und dies vor allem in bezug auf Frauen betreffende Vorstellungen, entschloß ich mich, den Rahmen der sozialen, kulturellen und religiösen Kodes nicht zu verlassen, nicht an den gegebenen Schranken zu rütteln. Ich glaube, daß es respektlos und schlicht reaktionär gewesen wäre, anders zu verfahren. Sobald ich mich einmal auf diese Vorgangsweise festgelegt hatte, standen mir nur mehr unglaublich wenige Darstellungselemente zur Verfügung. Aber diese Reduktion bot mir auch ein Gefühl der Klarheit, der Schlichtheit, das mir die Möglichkeit zu geben schien, mich eingehender mit dem Thema auseinanderzusetzen.

Wie ich oft gesagt habe, verdanke ich dem iranischen Kino der Nachrevolutionszeit wichtige Anregungen, und das vor allem in bezug auf die eigene Sprache, die dieses Kino hervorgebracht hat – eine Sprache, die zwar keine Grenzen überschreitet, aber auf so eindringliche Weise die kleinen Details einer Kultur erhellt, die sonst schwer zu entdecken gewesen wären. Diese Filme sind schlicht, präzis, poetisch, reduziert und kraftvoll und kritisieren die Gesellschaft, ohne den Anspruch zu erheben, kritisch zu sein. Ich glaube, daß die an der Entstehung dieses Kinos beteiligten Filmemacher ein neues Kino entdeckt haben, das sich gerade auf Grundlage der bescheidenen Möglichkeiten entfalten und entscheidende Werke von universeller Bedeutung hervorbringen kann.

Bis dato haben sich Kritik und Rezeption Ihres Werks vor allem mit den Fragen beschäftigt, die die Arbeiten im Hinblick auf Feminismus und Fundamentalismus aufwerfen. Eine Frau, die einen Schleier trägt, ist aber nicht nur Opfer. Sie tritt mit einem geradeaus gerichteten Blick ins Bild, als starke, aktive Person. Sie setzen sich in Ihren Arbeiten mit der Komplexität der weiblichen Existenz im Islam auseinander und beleuchten Fragen, die vom Patriarchat bis zum Kolonialismus reichen. Geht es Ihnen dabei eher darum, das Wertesystem und die Vorstellungen der Betrachter zu beleuchten, als darum, politische Statements zu treffen?

Ich verstehe meine Arbeit als bildlichen Diskurs zum Thema Feminismus und zeitgenössischer Islam – als einen Diskurs, der bestimmte Mythen und Wirklichkeiten einer Prüfung unterzieht und zu dem Schluß kommt, daß diese viel komplexer sind als viele von uns gedacht hätten. Ich muß jedoch betonen, daß ich mich nicht als Expertin sehe, was dieses Thema anlangt, sondern mich eher als leidenschaftliche Forscherin verstehe. Ich stelle lieber Fragen, als Fragen zu beantworten – ich bin zu etwas anderem überhaupt nicht in der Lage, und es interessiert

Different cultures impose different boundaries. Referring to Iranian film-makers and censorship in Iran, you once said that the existence of borders enforces a need to get to the core of things. Which are the limitations that you are subject to as an artist, and what is their influence on your work?

When I began to focus on the traditional and philosophical ideas behind Islam, particularly in relation to women, I decided to remain within the framework of the social, cultural and religious codes, to maintain the given boundaries, as I believe to have done otherwise would have been disrespectful and simply reactionary. Once I had established this pattern, I was faced with an incredibly reduced number of elements of representation. This reduction offered me a sense of clarity, of simplicity, that seemed to imply the possibility of penetrating more deeply into the subject.

I have often referred to the Iranian cinema after the Islamic Revolution as a major inspiration in how it has created a language that, although remaining within the confines of the social codes, so profoundly expresses the cultural subtleties that would have been otherwise extremely difficult to detect. The approach is simple, concise, poetic, minimalist and powerful, as it criticises society without claiming to do so. I think that these film-makers have discovered a new approach that thrives on the very poverty of the possibilities and creates works of great substance with a universal meaning.

So far, the criticism and reception of your work has focused primarily on the questions you have raised about feminism and fundamentalism. However, the veiled woman wearing a chador is no mere victim. She enters the picture with a direct gaze, as a strong, active personality. Your work highlights the complexities of Islamic womanhood and poses questions about issues ranging from patriarchy to colonialism. Aren't you concerned with putting the system of values and the viewers' conceptions to the test rather than with making political statements?

I see my work as a visual discourse on the subjects of feminism and contemporary Islam – a discourse that puts certain myths and realities to the test, claiming that they are far more complex than most of us have imagined. It is very important to point out, however, that I don't see myself as an expert on this subject. Rather, I consider myself a passionate inquirer. I prefer raising questions as opposed to answering them as I am totally unable to do otherwise, and I am not interested in creating works that simply state my personal political point of view. Some of the questions my works raise with regard to Islamic societies, particularly in Iran, have been addressed in recent academic discourse. But while academic analysis obviously results in a purely factual and theoretical dialogue, my

mich auch nicht, in meinen Arbeiten nur meinen persönlichen politischen Standpunkt zu formulieren. Einige Fragen, die ich im Hinblick auf islamische Gesellschaften und insbesondere auf die islamische Gesellschaft im Iran aufwerfe, spielen auch im gegenwärtigen wissenschaftlichen Diskurs eine Rolle. Aber während wissenschaftliche Analysen natürlich zu einem rein auf Tatsachen bezogenen theoretischen Dialog führen, bemühe ich mich als bildende Künstlerin in meinen Werken um eine Synthese des Faktischen und des Unterschwelligen. Diese Vorgangsweise erlaubt es mir, das Thema universeller zu fassen, gibt mir Raum für eine offenere Interpretation.

Sie beschäftigen sich viel mit Architektur und haben als Mitverantwortliche für die Storefront for Art and Architecture in New York mit verschiedenen Architekten zusammengearbeitet. Inwiefern hat denn das Nachdenken über vorgegebene Räume Ihre Art, Bilder zu begreifen, beeinflußt? Sie scheinen, was die Welt des Islam betrifft, zwischen männlichen und weiblichen Räumen zu unterscheiden.

Mein Engagement für die Storefront, das etwa zehn Jahre dauerte, war für die Entwicklung meiner eigenen Arbeiten ganz entscheidend. Ganz abgesehen von den phantastischen Ausstellungsmöglichkeiten gab mir diese Einrichtung die Möglichkeit, mich mit den aktuellsten theoretischen und ästhetischen Entwicklungen im Bereich der Architektur auseinanderzusetzen. Daran haben mich verschiedene Gesichtspunkte fasziniert. Während Film, Malerei usw. von anderen Bereichen immer völlig unabhängig sind, keinerlei Einflüssen unterliegen und auch auf rein intuitiver Ebene funktionieren, gibt es Architektur nur in einem komplexen Wechselspiel mit anderen Bereichen und Themen. Da es in der Architektur um Bauen geht, kann diese sich der Wirklichkeit der Funktionalität, des Gemeinschaftlichen, der Tradition und der Städte gegenüber nicht neutral verhalten. Die Programme der Storefront befaßten sich gleichermaßen mit Forschungs- und Entwicklungsarbeit im Bereich der Architektur wie mit deren tatsächlichen Ergebnissen. Als ich meine Ideen zu formulieren begann, tendierte ich zu einer ähnlichen Methode, und so wurden Information und Recherche zu wesentlichen Momenten meiner Arbeit.

Nach wie vor faszinierend finde ich den Wesenszusammenhang von Architektur und Geistesgeschichte. Mir erscheint die Architektur als Widerspiegelung der Kultur, weil sie deren ideologische Geschichte verkörpert. Als ich mich mehr und mehr islamischen Themen zuwandte, fand ich es angebracht, mich von einem ideologischen Standpunkt aus mit Raum und Architektur auseinanderzusetzen. Dabei stieß ich auf interessante Parallelen, was die Definition, Kontrolle und Kodierung von weiblichem Körper und Raum betrifft. Das Projekt *Shadow Under the Web*, das 1997 in Istanbul entstand, beschäftigt sich mit genau diesen Themen. Die Arbeit zeigt die ideologische Teilung des Raumes, die dazu dient, die Geschlechter zu trennen und deren gesellschaftliche Rolle festzulegen. Öffentlicher Raum wird als männlicher Raum, privater Raum als weiblicher Raum betrachtet. Da der weib-

approach as a visual artist fuses facts and the subliminal. This method in a way universalises the subject and allows a more open interpretation.

You are very involved in architecture and, as co-director of the New York Storefront for Art and Architecture, have collaborated with various architects. How has thinking about defined spaces influenced your conceptualisation of images? You seem to distinguish between male and female spaces in the world of Islam.

My involvement with the Storefront for Art and Architecture, which lasted for about ten years, was pivotal for the development of my personal work. Apart from the fantastic exposure, Storefront offered me a chance to get to know the latest theoretical and aesthetic developments in architecture: there were several aspects of this experience that particularly grabbed me as an artist. While visual art always remains completely independent and unaffected by other fields and even functions on a purely intuitive level, architecture only exists within a complex relation with other fields and issues. As the very premise of architecture is building, it cannot remain neutral to the reality of functionality, community, tradition and cities. Storefront's programmes concentrated as much on the presentation of architects' research and developmental processes as on the final results. When I began to formulate my own ideas, I eventually leaned towards a similar methodology where information and research became crucial aspects of my work.

What also continues to fascinate me is the integral relation between architecture and cultural studies. Architecture seems to be a reflection of a culture because it embodies its ideological history. As I became increasingly involved with Islamic topics, it seemed only appropriate to explore space and architecture from the ideological point of view. I came upon interesting parallels concerning the way in which the female body and space are defined, controlled, and coded. The *Shadow Under the Web*, made in Istanbul in 1997, is a project that precisely addresses such issues. It reveals how the division of space has been organised ideologically in order to separate the sexes and clarify their roles in societies. For that matter, public space is considered as 'male space', while private space is considered as 'female space'. Since the female body represents ideas of sexuality and individuality, which, distracting men from their duties, are considered problematic in a public domain, women must conceal their bodies by wearing a veil to neutralise their presence. In another film project, *Soliloquy*, which I realised in Turkey and in the United States in 1999, architecture is the core of the narrative since it represents two opposite cultures: the East and the West, the traditional and the modern, the communal and the individual.

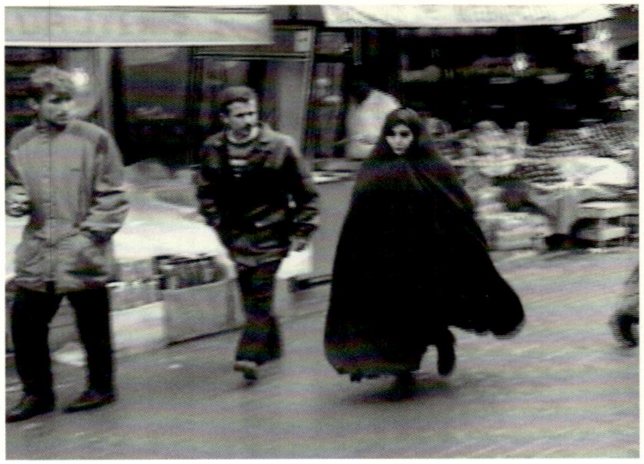

liche Körper mit Vorstellungen von Sexualität und Individualität besetzt ist, was – da das die Männer von ihren Pflichten ablenkt – in der Öffentlichkeit als problematisch angesehen wird, müssen Frauen ihre Körper mit einem Schleier verhüllen, um ihre Anwesenheit zu neutralisieren. Bei *Soliloquy*, einem Filmprojekt, das ich 1999 in der Türkei und in den USA realisierte, steht die Architektur im Mittelpunkt der Erzählung und verkörpert zwei gegensätzliche Kulturen: den Osten und den Westen, Tradition und Moderne, Gemeinschaft und Individuum.

Sie sind auf vielen Ihrer Fotografien und in Ihren Filmen zu sehen. Ist das praktische Notwendigkeit oder künstlerische Strategie?

Daß ich selbst im Bild eine Rolle spiele, war mir von Anfang an wichtig, auch wenn ich mich vor der Kamera immer unwohl fühle. Als ich 1993 mit meiner Fotoserie *Women of Allah* begann, wollte ich selbst als Person in Erscheinung treten, weil es in der Arbeit vor allem um den weiblichen Körper ging, um den Körper einer iranischen Frau in meinem Alter. Der Einsatz meines Körpers schien mir irgendwie eine gewisse Intimität zu garantieren, die verhinderte, daß der Film etwas Propagandistisches oder Dokumentarisches bekam. Als die Art der Produktion komplizierter wurde und sich das Konzept meiner Vorgangsweise änderte, entschloß ich mich dazu, nicht mehr vor der Kamera zu stehen und mich bei meinen künftigen Foto- und Filmarbeiten darauf zu konzentrieren, hinter der Kamera zu bleiben und Regie zu führen. Diese Distanz erschien mir notwendig, weil ich

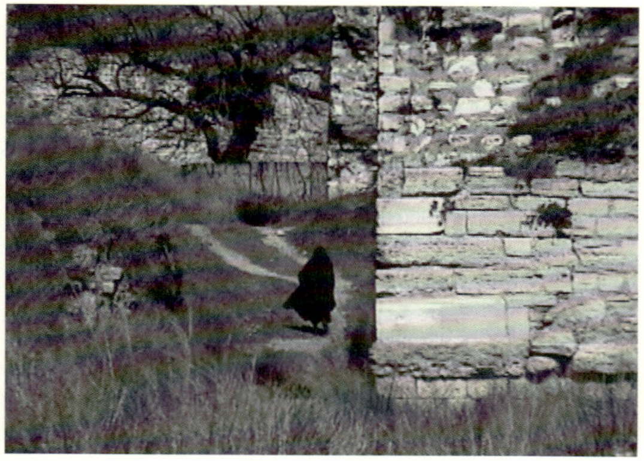 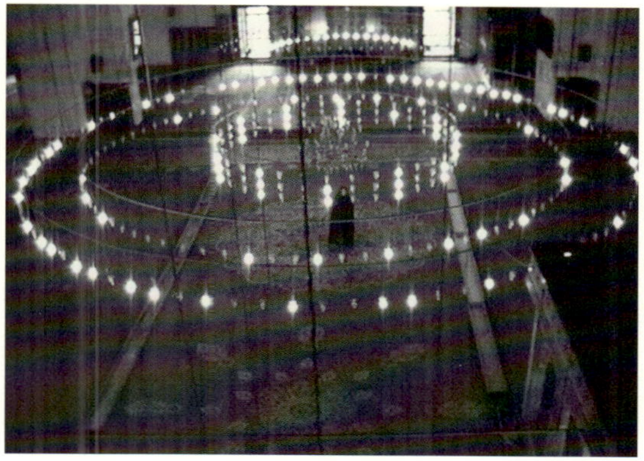 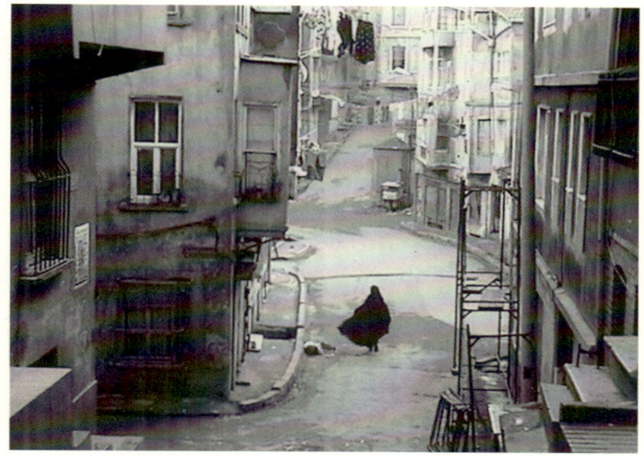

Shadow Under the Web 1997, video stills

You frequently appear in your photographs and films. Is there some pragmatic necessity for this, or is it an artistic strategy?

From the very beginning, performing has been a major aspect of my work. Ironically, I myself have always been uneasy in the presence of a camera. However, when I started with my photographic series *Women of Allah* in 1993, I decided to participate in the work as a performer, as the project centred so much on the female body, specifically that of an Iranian woman of my age. Investing my own flesh somehow seemed to guarantee a sense of intimacy that prevented the work from becoming a propaganda or documentary piece. When the production became more complex and the conceptual approach changed, I decided not to appear before the camera anymore and to concentrate instead on directing the photo and film shoots from behind the camera. This distance seemed necessary as I wanted to have more command regarding other aspects of the production. I learned to work closely with models, actors and the crew. Through these experiences I have, of course, expanded my skills and learned a great deal about the processes of collaboration and negotiation. The only recent exception was *Soliloquy*, a film shot in 1999 – aside from writing the script, directing and editing, I also acted in the film because the story is based on my personal experience.

mehr Kontrolle über andere Bereiche der Produktion haben wollte. Ich habe gelernt, mit Models, Schauspielerinnen und Schauspielern und dem Team eng zusammenzuarbeiten. Durch diese Erfahrungen haben sich natürlich meine Fertigkeiten vertieft, und ich weiß jetzt, worauf es bei Teamarbeit und Verhandlungen ankommt. Die einzige Ausnahme diesbezüglich war *Soliloquy*: Da war ich nicht nur für Drehbuch, Regie und Schnitt zuständig, sondern spielte auch mit, weil die Geschichte auf meiner persönlichen Erfahrung beruht.

Sie setzen Ihre Bilder als Filmregisseurin in Szene, arbeiten mit Models und Fotografen und bedienen sich für Ihre Videoarbeiten der komplexen Infrastruktur des Kinos. Würden Sie uns einen kurzen Einblick in Ihre Produktionsweise geben?

Wie Sie ja wissen, werden meine Fotoarbeiten wie meine Film- und Videoarbeiten immer erzählerischer. Ich habe das Gefühl, daß ich meine Ideen nicht mehr mit einzelnen Bildern zum Ausdruck bringen kann, sondern eine Abfolge mehrerer inszenierter Bilder brauche, die eine vollständige Geschichte erzählen. Insofern haben sich meine Arbeiten in letzter Zeit entscheidend verändert. Die Geschichten meiner Arbeiten beruhen im allgemeinen auf der Realität, sind aber insofern fiktional, als sie die Wirklichkeit etwas übertrieben, abstrakt und mehrdeutig darstellen. Zu meiner Produktionsweise: Ich versuche zunächst das Thema zu definieren, das mich interessiert, und beginne erst dann eine Geschichte um dieses Thema zu entwickeln. Die Handlung ist meist recht bescheiden, weil ich die Zuschauer, die ja die Arbeit in zwei Teilen sehen, nicht verwirren will. Mir ist es lieber, wenn meine Arbeiten als eine Mischung von bildlichen, erzählerischen und musikalischen Momenten funktionieren. Im Augenblick experimentiere ich gerade mit einer Kombination von Mitteln des Kinos und der bildenden Kunst, bei der ich sowohl die für mich interessanten Vorteile des Films – seine narrativen und unterhaltenden Züge und vor allem seine Verbindungen zur Alltagskultur – mir zunutze mache als auch gewisse fotografische und skulpturale Wirkungen erzielen kann. Außerdem müssen sich Menschen, die sich mit meinen Installationen beschäftigen, im Unterschied zu Kinobesuchern, die passiv bleiben, wenn sie sich einen Film ansehen, körperlich darauf einlassen und in dem Dialog zwischen den beiden einander widersprechenden Seiten Partei ergreifen.

Was meine dem Film verpflichtete Produktionsweise angeht, ist auch wichtig, daß ich seit 1998 mit einer Gruppe von iranischen Filmleuten zusammenarbeite, die ganz wesentlich darauf Einfluß haben, daß meine Sachen zusehends filmischer werden. Zu unserem Team gehören Ghasem Ebrahimian, Kamera, Shoja Azari, der in *Turbulent* den Sänger spielte und mir seither hilft, meine Ideen filmisch umzusetzen, Sussan Deyhim, die Sängerin und Komponistin der Musik all meiner Filme, und Hamid Fardjad, Produktion. Wir diskutieren, analysieren und entwickeln alle Ideen gemeinsam. Aufgrund der unglücklicherweise schwierigen Arbeits-

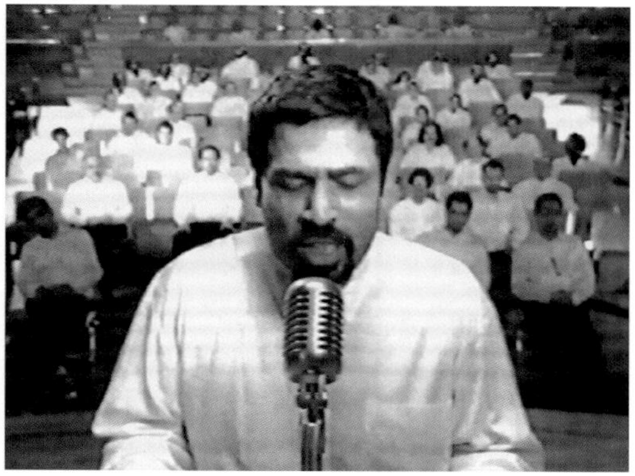
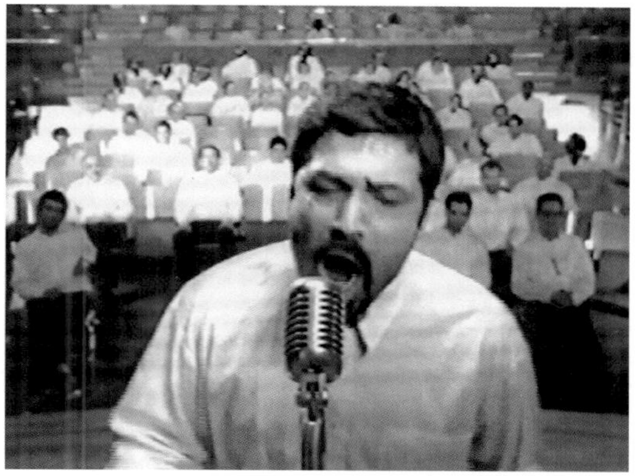
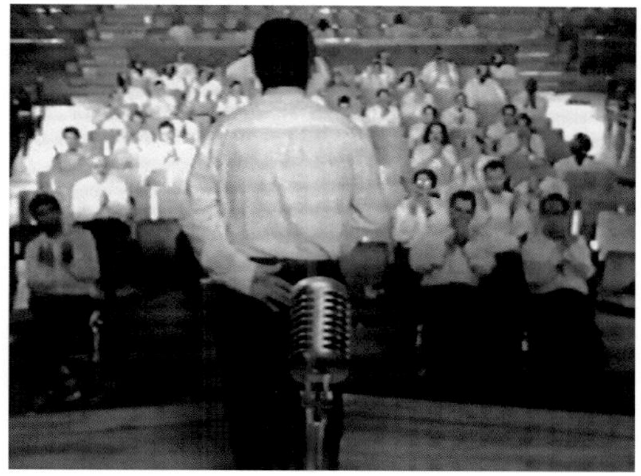

Turbulent 1998, video stills

You stage your images like a film director by working with models and photographers and utilising the complex infrastructure of films for your video work. Would you grant us a glimpse into the process?

As you know, my photographic as well as my film and video works are becoming more and more narrative. I no longer seem to try to express my ideas through single images but rather through a choreographed sequence of images that may tell a complete story. This is a major development in my recent work. The narratives in my work are usually based on reality, yet they are fictional as they are slightly exaggerated, abstract and ambiguous in their representation of reality. As regards the process, I first try to identify the general subject I am interested in and then develop a narrative around it. The story line is quite modest as a rule because I do not want to confuse the viewer who sees the piece in two parts. I prefer the work to function as an experience that relies on a combination of images, narrative elements, and music. At the moment, I am experimenting with a fusion of cinema and visual art where I can apply those qualities of the cinema that I am interested in, such as its narrative nature, its entertainment character, and most of all its ties to popular culture, yet maintain photographic and sculptural effects. Additionally, unlike the audience of a movie theatre that stays passive while watching a film, people that are confronted with one of my installations have to get physically involved and can hardly remain neutral in the dialogue between the two opposite sides.

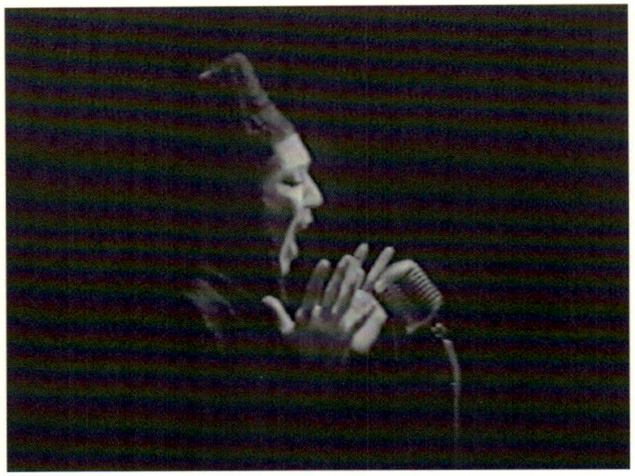 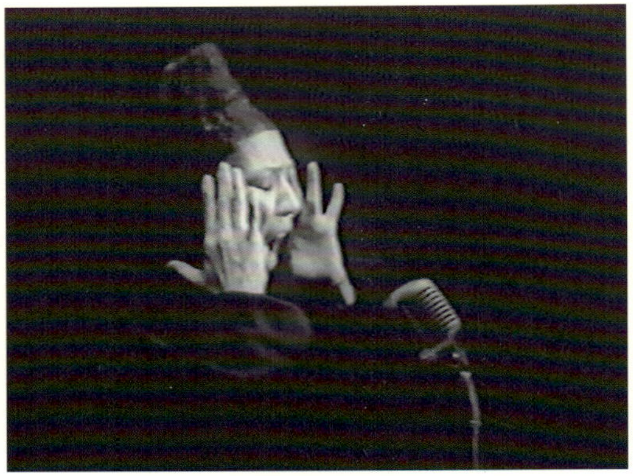 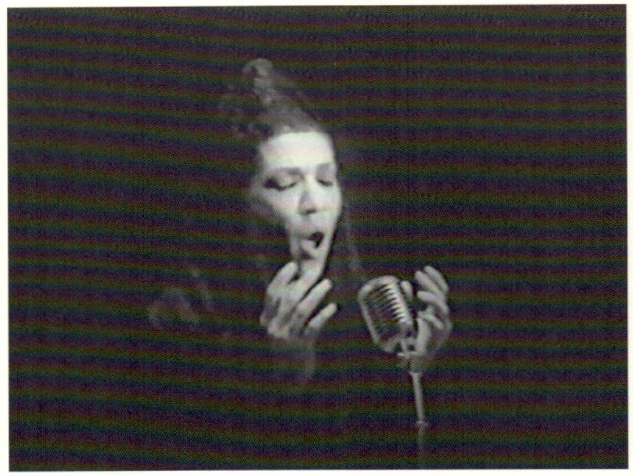

bedingungen im Iran drehen wir immer wieder in anderen muslimischen Ländern. Wir verhandeln mit den lokalen Behörden, nehmen eine Crew unter Vertrag und proben vor Ort, wobei es sich manchmal um 250 Leute handelt. Ich finde das immer unheimlich aufregend, weil man oft erstaunliche Dinge erlebt, wenn man in einer völlig neuen kulturellen Umgebung arbeitet. Und dann hat die Sache auch einen wirtschaftlichen Aspekt: Da die meisten Regionen, in denen wir drehen, abgelegen und verarmt sind, freuen wir uns, dort ansässige Firmen und Leute beschäftigen zu können.

In Ihren Ausstellungen zeigen Sie sowohl Fotografien als auch Filme. Was macht diese beiden Medien so wichtig für Sie?

Da ich mich ursprünglich vor allem mit gesellschaftspolitischen Fragen beschäftigte, fand ich die Fotografie am geeignetsten für mich, weil sie mir das Gefühl von ‚Wirklichkeit' bot, das ich brauchte. Die Fotografie reizte mich auch, weil es ein für die breite Öffentlichkeit zugängliches Medium ist. Ich entwickelte dann einen persönlichen Stil, der mit explosiven Bildern muslimischer Frauen und mit Kalligraphie arbeitete. Diese Bilder hatten etwas Minimalistisches, Skulpturales, Starres und erinnerten an sorgfältig aus dem Stein gehauene Denkmäler. Als ich ab 1997 einen neuen Weg suchte, wurden mir die Schranken der Fotografie immer klarer, und ich begriff, daß die Fotografie der neuen Richtung meiner Ideen einfach nicht entsprach, und begann mit Film zu experimentieren.

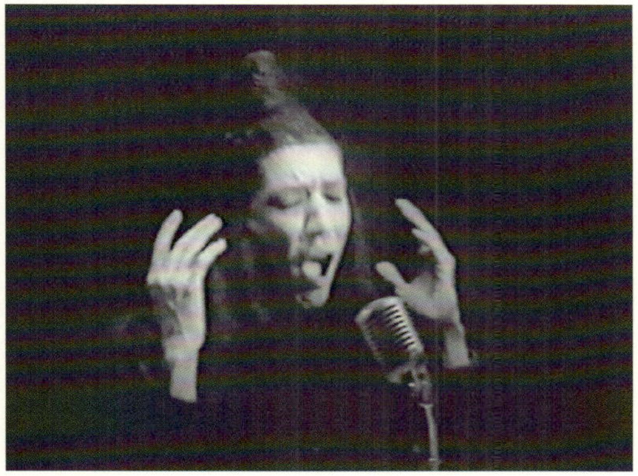 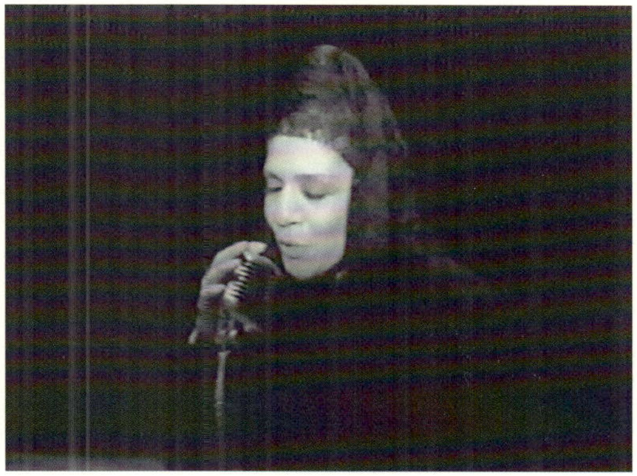

Turbulent 1998, video stills

Another important aspect regarding the form of production of my film-based work is my collaboration with a team of Iranian film-makers that started in 1998. They have had a critical impact on the increasing cinematic orientation of my work. This team includes Ghasem Ebrahimian, the director of photography; Shoja Azari, who acted as the male singer in *Turbulent* and has since been helping me translate my ideas into the language of film; Sussan Deyhim, singer and composer of the music in all my films; and Hamid Fardjad, the line producer. We discuss, analyse and develop all ideas together. Due to the unfortunate difficulties of working in Iran, we regularly travel to other Muslim countries to produce films. We negotiate with the local authorities, hire the crew and, of course, audition the cast, which usually consists of locals, sometimes as many as 250. I always find this process exhilarating, as we often encounter amazing experiences when working in a totally new culture. There is also the economic factor: as most locations we travel to are quite remote and impoverished, we are happy to employ local people and businesses.

In your exhibitions, you present films and photographs in tandem. Which specific qualities make these two media so important for you?

As I was mainly concerned with socio-political issues initially, I found photography the most appropriate medium because it offered the sense of 'realism' I needed. I was also attracted to photography because of its accessibility to

Ich wollte auch meine Ideen nicht mehr länger durch ein einzelnes konstruiertes Bild vermitteln, sondern durch eine Ansammlung von Bildern zum Ausdruck bringen. Wenn meine Arbeit auch thematisch soziologisch orientiert blieb, wurde mein Ansatz damals viel philosophischer und lyrischer – im Unterschied zu direkt politisch. Es war, als ob ich nach einer neuen Sprachform gesucht hätte, die Flexibilität, Mehrdeutigkeit und ein breites Spektrum von Möglichkeiten zuließ.

Ihre Fotografien und Filme sind von starken Gegensätzen wie schwarz und weiß, Licht und Schatten, Bild und Schrift, männlich und weiblich bestimmt. Ihre Bildersprache erinnert mich manchmal an die frühen Filme Michelangelo Antonionis. Welche Bezüge sind für Sie im Filmbereich wichtig?

Schon immer fasziniert haben mich einige der ganz klassischen westlichen Schwarzweißfilme wie Orson Welles' *Der Prozeß* und so wunderbare Werke wie Hitchcocks *Die Vögel* – unglaublich, wie hier durch die Kamera Spannung erzeugt wird. In letzter Zeit haben mich vor allem das iranische Kino und der große Regisseur Abbas Kiarostami sehr beeinflußt. Ich bewundere seine visionären Arbeiten, seine Poetik und Bildsprache sowie seine Unabhängigkeit sowohl von seiner Kultur als auch von der Welt des Kinos.

Susan Sontag hat einmal gesagt, daß wir unbedingt eine Geschichte brauchen, um verstehen zu können. Sie verleihen Ihren Fotografien oft durch (Sub-)Texte einen zusätzlichen Akzent und erweitern oder verändern so die dem Bild immanente Geschichte. Warum arbeiten Sie eigentlich immer mehr im Videobereich?

Ich glaube, daß alle Menschen zu Geschichten gleich welcher Art eine besondere Beziehung haben. Wenn wir uns inspirieren lassen wollen oder unterhalten werden möchten, lassen wir uns doch alle gerne auf Geschichten ein. Geschichten zuzuhören ist eine Möglichkeit, seine persönliche Wirklichkeit vorübergehend hinter sich zu lassen und eine andere zu betreten. Das breite Publikum kann sich auf Filme viel eher einstellen als auf jede andere Kunstform. Das hat vielleicht auch damit zu tun, daß Geschichtenerzählen und vor allem Film und Fernsehen einen wesentlichen Teil der Alltagskultur ausmachen. Ich befürchte, daß die bildende Kunst weitaus isolierter und für das breite Publikum unzugänglicher ist. In den meisten Fällen ist es ja praktisch gar nicht möglich, ein Kunstwerk zu verstehen, ohne dessen Beziehung zu bestimmten wichtigen Konzepten und Tendenzen der Kunstgeschichte zu reflektieren. Erwähnen möchte ich auch, daß es für mich eine große Herausforderung war, eine Erzählform zu schaffen, die nicht an die Sprache gebunden ist, sondern auf Bild- und Tonebene funktioniert.

the general public. I then developed a personal style which incorporated explosive images of Muslim women and calligraphy. These images were minimalist, sculptural and rigid, and resembled carefully carved monuments. Yet, when I began to reformulate my ideas in 1997, I became very conscious of the limitations of photography and its inability to comply with the new orientation of my ideas and started to experiment with film. I was no longer interested in conveying my ideas by constructing a single image, but rather through a collection of images. Though my work remained sociologically inclined as regards its subject matter, my approach became far more philosophical and lyrical, as opposed to directly political. I seem to have reached out for a new form of language which permitted flexibility, ambiguity and a wide range of possibilities.

Your photographs and your films are characterised by strong contrasts – by black and white, light and shadow, picture and script, male and female – to name just a few. Your language of images sometimes reminds me of Michelangelo Antonioni's early films. Which cinematic references are significant for you?

I have always been mesmerised by some of the most classic Western black and white films, like Orson Welles's *The Trial*, and by works like Hitchcock's amazing *The Birds*. I find the combination of photography and suspense rather unnerving. Most recently, the Iranian cinema, and especially its great film-maker Abbas Kiarostami, have had a great influence on me. I appreciate his vision, poetry, visual language and his independence in relation to both his culture and to the world of the cinema.

Susan Sontag once said that only a narrative will allow us to understand. You frequently accentuate your photographs by adding captions, thus expanding or altering the narrative inherent in the picture. What was it that made you increasingly work with video?

I believe that all people have a special relation to all forms of narrative art. We all like to be told stories when we want to be inspired or entertained. Listening to stories is a way of momentarily escaping our own personal reality and entering someone else's. Consequently, the general public gets far more absorbed in films than in any other form of art. This might be partially due to the fact that storytelling, and particularly cinema and television, are a major part of popular culture. I am afraid that visual art is a far more isolated and inaccessible world for the general public. In most cases, it is practically impossible to appreciate any work of art without understanding its relevance to other major concepts and movements in the history of art. I also would like to mention that it has been a great challenge for me to create a type of narrative that is not tied to language, but rather functions purely

Da die Handlung abstrakt und oft durchaus mehrdeutig ist und nicht von Worten abhängt, müssen die Betrachter ihrer Vorstellungskraft vertrauen, wenn sie dem Werk eine Bedeutung abgewinnen wollen.

Musik und Ton scheinen in Ihren Filmen eine wichtige Rolle zu spielen. In *Turbulent* richtet sich die Aufmerksamkeit auf die Musik und deren transzendentale Kraft. Könnte man sagen, daß dem Ton hier eine ähnliche Rolle zukommt wie der Schrift in Ihren Fotos?

Ja, unbedingt. Die Musik ergänzt das Bild um eine Stimme, macht das Bild lebendig. Der Ansatz ist durchaus mit der Verwendung von Kalligraphie bei meinen fotografischen Arbeiten vergleichbar. Während aber Sprache nach einer Übersetzung verlangt, ist Musik etwas Universelles und überschreitet alle kulturellen Grenzen. Ich fand es wunderbar, wie etwa das Publikum auf *Turbulent* reagierte: Die Zuschauer wurden von der Musik ergriffen und waren ganz bewegt. Seit damals spielt Musik in meinen Arbeiten eine tragende Rolle. Die bisherige Zusammenarbeit mit Sussan Deyhim war eine phantastische Erfahrung für mich. Sie hat eine ungeheure Gabe, schon ganz früh zu begreifen, worum es mir geht. Und von ihrer natürlichen Begabung als Sängerin abgesehen, halte ich sie für eine ganz ungewöhnliche Komponistin, die nicht nur die traditionelle iranische Musik wirklich versteht, sondern sich auch im Bereich der elektronischen Musik unwahrscheinlich gut auskennt. Sie war wesentlich an der Entstehung eines äußerst experimentellen Werks beteiligt, das sowohl auf einer ursprünglichen als auch auf einer intellektuellen Ebene funktioniert.

Sie haben gerade die Arbeit an *Fervor* abgeschlossen. Neben anderen Themen geht es darin wesentlich um romantische Liebe.

Nach *Turbulent* und *Rapture*, in denen die Dynamik des Männlichen und Weiblichen innerhalb der gesellschaftlichen Strukturen im Islam und vor allem im Iran im Vordergrund steht, beschäftigt sich das neue Projekt in erster Linie mit Tabus im Bereich der Sexualität und des Verlangens. Tabus sind verinnerlichte kulturelle Verbote, die aufgrund ihrer Natur nicht nur ein bestimmtes soziopolitisches Gefüge legitimieren, sondern auch dafür sorgen, daß dieses auf einer tiefen emotionalen Ebene bestimmend ist, und sich durch konformes Verhalten verfestigen. In islamischen Gesellschaften beschränken solche Tabus den Kontakt zwischen den Geschlechtern in der Öffentlichkeit. Ein einfacher Blick gilt etwa schon als Sünde; Verstöße gegen die Vorschrift werden nicht geduldet. Männer und Frauen stehen unter einem inneren und äußeren Druck, der jede Form der sexuellen Anspielung im gesellschaftlichen Leben unterbindet. Überraschenderweise allerdings verstärkt diese Art der Kontrolle aber auch

on a visual and sonic level. Since the narrative is non-literal, abstract and often quite ambiguous, the viewer must rely heavily on her or his own imagination to draw meanings.

Music and sound seem to be very important in your films. In *Turbulent* the attention focuses on the music and its transcendental power. Does the role of sound in your films resemble the role of script in your photographic work?

Yes, absolutely. The music adds a voice to the image, it brings the picture alive. This is a very similar approach to the inscription of calligraphy in the photographs. But while language requires translation, music becomes universal and transcends all cultural boundaries. Seeing the audience's reaction when watching *Turbulent*, for example, has been a marvellous experience – people become so completely engrossed and emotionally moved by the musical aspects of the piece. Since then, music has become a major aspect of my work. All my films have original scores composed by the Iranian musician and singer Sussan Deyhim. It has been a fantastic experience collaborating with her. She has an extraordinary ability to immediately grasp my concepts at the earliest stage on an intuitive level. Aside from her natural gift as a singer, she is an amazing composer with a deep understanding of traditional indigenous music and an impressive command of highly technological, electronically based music. Her contribution has been essential in creating very experimental work operating both on the primal and the intellectual levels.

You have just finished *Fervor*. One of its main subjects is romantic love.

After *Turbulent* and *Rapture*, which addressed the issue of male and female dynamics in relation to social structures in Islam, and specifically in Iran, this new project focuses on taboos regarding sexuality and desire. Taboos are internalised cultural injunctions that by their very nature allow socio-political structures to exercise their influence on an inner emotional level and that reaffirm themselves through conformity. In Islamic societies, such taboos inhibit the contact between the sexes in public. A simple gaze, for instance, is considered a sin; violations of the code are not tolerated. Men and women face internal and external pressures which forbid any sexual implications in the social sphere. Surprisingly, however, this form of control also heightens the level of sexual attraction in the light of the deep sense of guilt and shame that one experiences in public.

The narrative of my new video project centres on an encounter between a man and a woman who first meet in an open and solitary landscape, where their paths cross coincidentally. Here, in passing, an intense sexual tension

angesichts des tiefen Gefühls der Schuld und Schande, das man in der Öffentlichkeit empfindet, den Grad der sexuellen Aufmerksamkeit.

Im Mittelpunkt der Erzählung meines neuen Videoprojekts steht die Begegnung zwischen einem Mann und einer Frau, deren Wege sich zum ersten Mal in einer offenen, einsamen Landschaft zufällig kreuzen. Es entsteht eine starke sexuelle Spannung, ohne daß die beiden miteinander in Verbindung treten, und jeder der beiden setzt seinen Weg fort. Später treffen die beiden einander zufällig wieder, doch die Begegnung findet in einem völlig anderen Zusammenhang statt: bei einer öffentlichen Feier mit vielen Menschen, bei der Männer und Frauen durch einen Vorhang voneinander getrennt sind. Der Grund der Feier ist nicht ganz klar. Einerseits hat der Anlaß etwas Politisches, andererseits fühlt man sich an eine schauspielerische Darbietung erinnert: Ein bärtiger Mann wendet sich von einem Podium aus an das Publikum. Die charismatische Gestalt hält eine Rede, erteilt dem Publikum eine moralische Lektion über die ‚Sünde' des ‚Verlangens', indem er eine Geschichte aus dem Koran erzählt, die so berühmt ist wie die Geschichte von Romeo und Julia. Zulaykha ist von Leidenschaft für einen Mann namens Yousuf entflammt und versucht ihn zu verführen. Der Mann auf dem Podium unterstreicht die Botschaft der Geschichte und appelliert an Männer wie Frauen, sich zurückzuhalten und solchen ‚bösen' Kräften zu widerstehen. Der Ton der Rede wird zusehends intensiver und aggressiver, die anfängliche Erregung und bescheidene Zuneigung des Mannes und der Frau verwandeln sich in tiefe Beklemmung, Verwirrung und Schuld – schließlich läuft die Frau davon. Die Erzählung endet, ohne daß die beiden einander angesprochen oder berührt hätten.

Turbulent, *Rapture* und *Fervor* bilden eine Trilogie. Was haben die drei Arbeiten gemeinsam, und hatten Sie von allem Anfang eine Trilogie im Auge?

Die Trennung der Geschlechter und das Thema gesellschaftlicher Kontrolle und Ideologie haben mich in meinen Arbeiten immer beschäftigt, standen immer im Mittelpunkt. Ursprünglich hatte ich keine Trilogie im Sinn, aber seit *Turbulent* hat jede Arbeit zu einer weiteren geführt und neue Fragen über das Verhältnis von Männern und Frauen im Islam aufgeworfen. Es gibt interessante Parallelen, aber auch Unterschiede zwischen den drei Arbeiten. Sowohl in *Turbulent* als auch in *Rapture* wird das Thema mittels ‚Gegensätzen' dargestellt. In *Turbulent* etwa, wo der Schwerpunkt auf dem Verhältnis der Geschlechter zur Musik und dem Ausschluß iranischer Frauen von musikalischen Darbietungen liegt, beherrschen eine ganze Reihe von ‚Gegensätzen' Bild, Raum und Musik: ein leerer und ein voller Saal, das Rationale und das Irrationale, traditionelle und nichttraditionelle Musik, das Gemeinschaftliche und das Abgeschiedene. Bei *Rapture* steht die Beschreibung der unterschiedlichen Reaktionen von

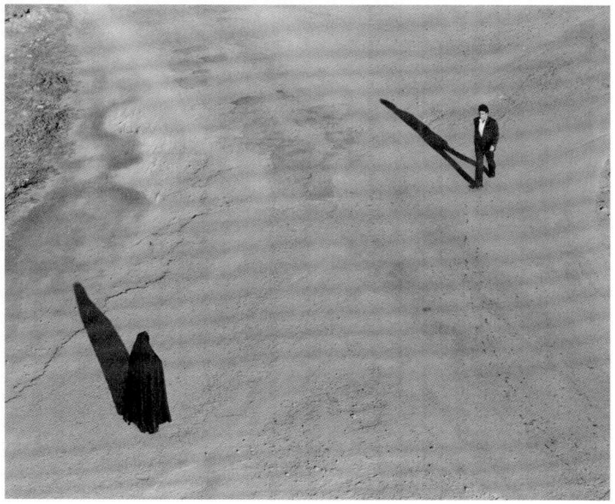 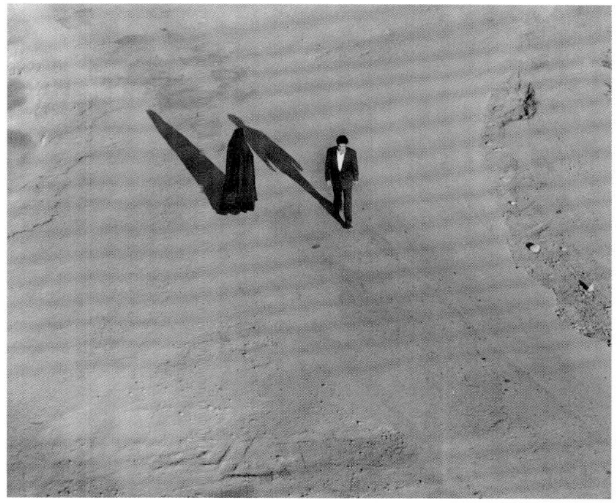 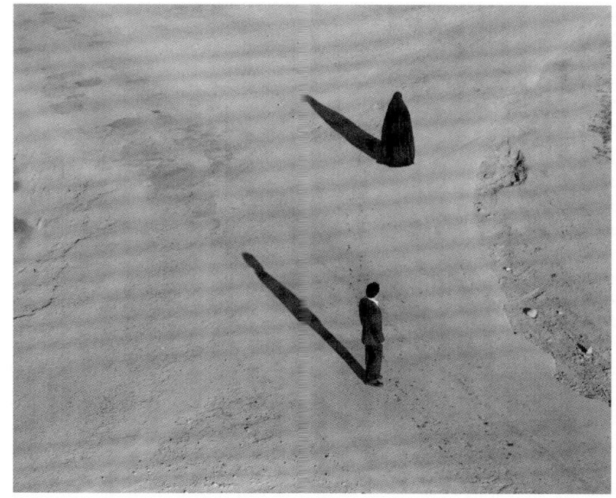

Fervor 2000, production stills

occurs, but no contact is made, and they go their separate ways. Later, the two meet again by chance, yet the encounter takes place in totally different surroundings, at a crowded public ceremony where men and women are divided by a curtain. The purpose of this ceremony remains ambiguous: while having something of a political event on the one hand, the occasion resembles a theatre performance on the other – there is a bearded man standing on a platform addressing the public. This charismatic character is delivering a speech, a moral lesson about the 'sin' implied by 'desires'. He tells the story of Youssef and Zolikha from the Koran – a story as famous as Romeo and Juliet. Zolikha is overcome by passion and tries to seduce a man named Youssef. The man on the platform emphasises the story's message and appeals to both men and women to restrain themselves and resist such 'evil' forces by all means. As the speech becomes more and more intense and aggressive in tone, the man's and the woman's initial excitement, and modest on-screen flirtation, turn into a deep sense of anxiety, confusion and guilt, eventually leading to the woman's hurried exit. The narrative ends without the protagonists having made direct verbal or physical contact.

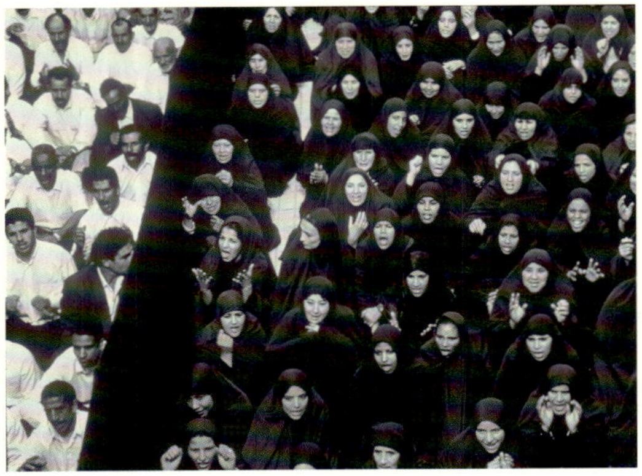

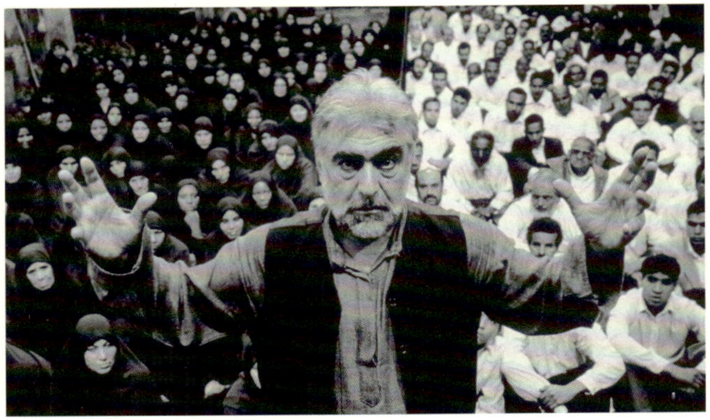

Fervor 2000, production stills

Männern und Frauen auf gesellschaftspolitische Zwänge im Vordergrund, und ich habe diese unterschiedlichen Reaktionen durch neue ‚Gegensatzpaare' wie Natur und Kultur, Rebellion und Konformität, Vorhersehbares und Unvorhersehbares dargestellt. Bei *Fervor* liegt der Schwerpunkt nun nicht mehr auf ‚Gegensätzen', sondern auf ‚Gemeinsamkeiten'. Auch wenn es die Frauen sind, die bestraft werden, betreffen Tabus im Bereich der Sexualität und Liebe in islamischen Gesellschaften Männer und Frauen gleichermaßen. Bei diesem Projekt tauchen Frauen und Männer daher nicht mehr auf zwei einander gegenüberliegenden, sondern auf zwei nebeneinanderliegenden Bildflächen auf. Obwohl ein Vorhang die Männer und Frauen voneinander trennt, sind sie einander nah. Und während bei *Turbulent* und *Rapture* die Zuschauer ihre Aufmerksamkeit stets verlagern und Partei ergreifen müssen, sind sie hier dazu aufgefordert, ihre Aufmerksamkeit gleichmäßig zu verteilen.

Parallele Bildflächen, einander entgegengesetzte Bildflächen: Was halten Sie von nur einer Leinwand? Was halten Sie davon, einen Spielfilm zu drehen?

Ich denke oft darüber nach, und vor allem die Leute, die mit mir zusammenarbeiten, reden mir zu, mir in diese Richtung Gedanken zu machen. Ich könnte mir schon vorstellen, einen Spielfilm zu drehen – aber der Film dürfte nicht nur auf einer Leinwand gezeigt werden. Und: Mir gefällt New York besser als Hollywood …

Übersetzung: Wolfgang Astelbauer

Turbulent, *Rapture* and *Fervor* constitute a trilogy. How are the three related, and did you have a trilogy in mind from the very beginning?

Sexual segregation and the issues of social control and ideology have been an ongoing concern and focus of my work. I never intended the three pieces as a trilogy, but since *Turbulent* each piece has led to the other, raising new questions concerning the relationship between the male and the female in Islam. There are interesting parallels and differences between the three projects. Both in *Turbulent* and in *Rapture*, the issue of male and female in relation to the social structure in Islam is presented through the notion of 'opposites'. In *Turbulent*, for example, where the emphasis is on the issue of gender in relation to music and Iranian women's exclusion from the experience of performing music, image, space and sound are determined by a series of 'opposites': an empty and a full theatre, the rational and the irrational, traditional music and non-traditional music, the communal and the solitary. The crucial idea behind *Rapture* was to describe men's and women's distinct reactions to socio-political pressures, and I presented these different reactions through new sets of 'opposite' elements including nature and culture, rebellion and conformity, the predictable and the non-predictable. *Fervor* no longer focuses on 'opposites', but rather on 'commonalities'. As in my opinion the notion of 'taboo' in relation to sexuality and romantic love in Islamic societies is equally shared by men and women, although it is often women who are sanctioned. In this project, men and women are therefore no longer presented on two opposite, but on two adjoining screens. Although a curtain separates the sexes, they are near to each other. And while in *Turbulent* and *Rapture* the viewers have to constantly shift their attention back and forth and take sides, here they are invited to distribute their attention equally.

Parallel screens, screens in opposition – what about one screen, what about making a feature film?

I think about it quite often, and my collaborators particularly encourage me to think in that direction. But I could only see myself making feature films if they could be shown on more than one screen. In fact, I prefer New York to Hollywood!

Ruth Noack

Produktive Dualismen

Zuweilen wird Shirin Neshats Kunst als transitiv bezeichnet. Die Künstlerin selbst gilt manchen als „diasporisches“ oder „liminales“ Subjekt. Will man einer postkolonialen Interpretation folgen, so eröffnen ihre Arbeiten sogar einen „dritten Raum, wo ein neues Verständnis der Beziehungen zwischen Konstrukten wie Heimatland/Gastland und Fremden/Einheimischen möglich wird“.[1] Es ist jedoch eine Sache, auf die Interdependenzen zwischen den Kulturen aufmerksam zu machen, auf die Tatsache, daß das, was wir vielleicht heute unter kultureller Identität einzelner Nationalstaaten verstehen, nichts anderes ist als der historische Niederschlag globaler ökonomischer und politischer Beziehungen, die sich bis in die Gegenwart fortsetzen. Etwas ganz anderes ist es, wenn die gegenseitige Bedingtheit kultureller Identitäten mit Metaphern belegt wird, die ihrerseits den freien künstlerischen Transit suggerieren, als gäbe es die Möglichkeit eines Hin und Her, jenseits der gesellschaftlichen Machstrukturen, jenseits der ökonomischen Interessen des Kunstmarktes. Als gäbe es den

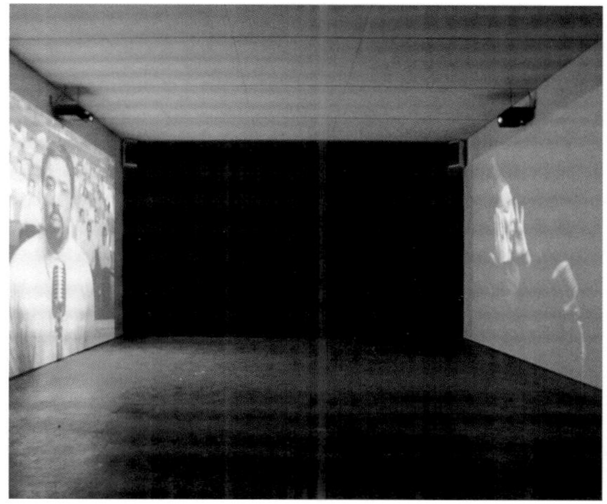

Turbulent 1998, installation view

Ruth Noack

Productive Dualisms

Shirin Neshat's art has been characterised as transitive. Many consider the artist herself a 'diasporic' or 'liminal' subject. Indeed a postcolonial interpretation would suggest that her work even opens up a 'third space, where a new understanding of relations between constructs such as homeland/guest land and foreigner/native becomes possible.'[1] However, it is one thing to call attention to the interdependencies between cultures, to the fact that what we at the present might consider the cultural identity of individual nation states is really nothing more than the historical result of global economic and political relations which persist to this day. It is a completely different matter to have the reciprocal dependency of cultural identities represented by metaphors which, for their part, suggest free artistic transit – as if movement back and forth were possible, beyond social power structures and the economic interests of the art market. As if there existed a space free of contradiction for an art capable of mediating between conflicting positions. And as if there were perfectly

widerspruchsfreien Raum einer Kunst, die fähig ist, zwischen gegensätzlichen Positionen zu vermitteln. Und als gäbe es lückenlose Übersetzungen kultureller Codes. Die Rezeption reagiert vorschnell, wenn sie in der Diskussion um Shirin Neshat und ihre Werke nicht auf die Brüche und Widersprüche aufmerksam macht, die sich aus der interkulturellen Praxis ergeben.

Der Zwang zur Auflösung der Widersprüche läßt sich beispielsweise am Umgang mit den Videoarbeiten *Turbulent* (1998) und *Rapture* (1999) zeigen. Beide Werke sind sowohl formal als auch thematisch von einem starken Dualismus geprägt, einem Dualismus, der sich vor allem in der Gegenüberstellung weiblicher und männlicher Positionen in Form zweier korrespondierender Videofilme äußert. Nun sind im Zuge der Postmoderne Dualismen allgemein ob ihrer essentialisierenden Schwarzweißmalerei kritisiert worden. Insbesondere die dualistische Vorstellung, es gäbe zwei natürliche, kohärente Geschlechtsidentitäten, ist heute, im Kontext einer aufgeklärten westlichen Kultur, nicht mehr haltbar. Die Konfrontation mit Neshats Dualismen führt daher fast zwangsläufig bei der westlichen Rezeption zu Widersprüchen. Diese Widersprüche werden jedoch nicht auf die eigene Situation bezogen. Man bemüht sich vielmehr, Shirin Neshats Arbeiten selbst vor Dualismusvorwürfen in Schutz zu nehmen. Ich werde darauf noch eingehen, möchte zugleich aber die beiden Doppelprojektionen *Turbulent* und *Rapture* etwas genauer betrachten.

Turbulent baut auf dem Prinzip der narrativen Verschränkung zweier diachroner Handlungsstränge auf: Auf der einen Seite sehen und hören wir zunächst einen Mann, der ein altes persisches Lied singt. Bewegungslos verharrt währenddessen auf der anderen Seite eine verhüllte, weibliche Gestalt, uns den Rücken zugewandt. Nachdem der Sänger sein Lied beendet hat, empfängt er von seinem männlichen Publikum Applaus. Da erhebt sich rechts die Stimme der weiblichen Gestalt und schlägt eine Melodie an, die sich zu einer komplexen avantgardistischen, zum Teil schmerzverzerrten Toncollage auswächst. Dabei bleibt die Sängerin in sich versunken und durch die Lichtregie von ihrer Umwelt isoliert. Diese Isolation wird noch durch die um die Frau kreisende Kamera verstärkt, die den Körper einzugrenzen und auf einen Punkt zu fixieren sucht.

Ganz anders verfährt der filmische Blick dagegen mit dem Mann. Bar jeder narrativen Logik wendet der Mann seinem Publikum den Rücken zu. Dabei steht die enge Beziehung des Sängers zu den übrigen Männern nie infrage: nicht nur der Applaus, auch die uniforme Bekleidung sowie das helle Licht, welches zugleich Publikum und Sänger erleuchtet, lassen das gemeinsame Szenario sichtbar werden. Ausgestattet mit der Macht der Öffentlichkeit, das Publikum im Rücken, adressiert er uns mit dem direkten Blick in die Kamera. Als Repräsentant seines Geschlechts kann er mit dem institutionellen Rahmen rechnen, kann den filmischen Apparat expansiv einsetzen, als verlängerten Arm seiner Darbietung. Einziges Moment der Irritation bleibt die Verlagerung des Gesangs vom Sänger auf die Sängerin, von der einen Videoprojektion auf die andere. Hier droht die gesellschaftlich aufrechterhaltene Fiktion von der Trennung der öffentlichen und privaten Sphäre für kurze Zeit zusammenzubrechen. Der Sänger horcht erstaunt auf, als das Lied der Sängerin einsetzt. Doch er verharrt lauschend, und letztlich verhallt die weibliche Stimme wieder.

Genauer betrachtet verhandelt *Turbulent* nicht nur einen, sondern drei Dualismen, die teilweise zusammenfallen, meines Erachtens aber dennoch auseinandergehalten werden sollten. Zum einen nötigt die Doppelprojektion die BetrachterInnen dazu, sich zumindest zeitweise für die eine oder andere Projektion zu ent-

equivalent translations of cultural codes. It is a rash critical reception which in its discussion of Shirin Neshat and her works neglects to call attention to the fissures and contradictions that arise out of intercultural practice.

A strong compulsion to resolve these contradictions can, for example, be seen in the critical reaction to the video works *Turbulent* (1998) and *Rapture* (1999). Both works are marked formally and thematically by a clear dualism that expresses itself above all in the juxtaposition of female and male positions represented in the form of two corresponding video films projected on facing screens. In the wake of postmodernism, dualisms have justifiably been criticised for their essentialising and reifying tendencies. Particularly the dualistic notion that there are two natural, self-contained sexes is no longer tenable in the context of today's enlightened Western culture. Thus, for the Western critic (and I include myself here) the confrontation with Neshat's dualism leads almost inevitably to contradictions. However, generally we do not relate these contradictions to our own positioning. Instead we do our best to defend Shirin Neshat's works from accusations of dualism. I will be elaborating this further, but first I would like to examine more closely the two dual screen projections *Turbulent* and *Rapture*.

Turbulent is based on the principle of the narrative fusion of two diachronic story lines: on one screen we first see and hear a man singing an old Persian song based on a Sufi poem, while on the other, the motionless figure of a veiled woman stands with her back turned toward us. As the singer finishes his song, his male audience applauds him. Suddenly, on the other screen, the female figure begins to sing a melody which swells to a complex avant-garde sound collage and, at times, turns into a tormented wail. The singer remains absorbed in herself throughout; she is isolated from her environment by the film's lighting. This isolation is further emphasized by the movement of the camera, which encircles her in an attempt to confine her body and fix it in place.

The filmic gaze rests very differently upon the man. Against all narrative logic, the man turns his back to his audience. Yet the tight bond between the singer and the rest of the men is maintained at all times: not only the applause, but also the uniform attire and the bright light that illuminates both audience and singer, give visual evidence that this is a shared scenario. Endowed with the public voice and with the backing of his audience, this representative of his sex addresses us by looking directly into the camera. He can rely on the institutional framework, can employ the cinematic apparatus to project his performance outwards. The only disturbing moment in the video is the shift from his singing to that of the woman, from the one video projection to the other. Here, for a brief moment, society's fiction of the separation between the public and private spheres threatens to crumble. The male singer reacts with astonishment when the woman begins to sing. But he listens motionlessly until, eventually, the last echoes of her voice fade away.

If we are to be precise, *Turbulent* addresses not just one, but three, dualisms. To some extent they overlap, but they should nevertheless be examined separately. First of all, the dual screen projection forces the viewer to choose, at least temporarily, either one projection or the other. Secondly, the video work reflects the two different social spheres occupied by men and women. And finally, it posits gender identities as binary categories.

Sometimes the technique of dual screen projection is interpreted as a transgression of uniformity. The impossibility of watching both screens simultaneously, it is argued, leads to a fragmentation of the viewer's position, which is seen as a positive condition.[2] The question

scheiden. Zum zweiten behandelt die Arbeit zwei verschiedene, entweder von Männern oder von Frauen okkupierte soziale Sphären, und schließlich stellt sie Geschlechtsidentitäten als binäre Kategorien dar.

In der westlichen Rezeption wird das dualistische Verfahren der Doppelprojektion beispielsweise als Transgression von Einheitlichkeit gelesen. So führe die Unmöglichkeit, alles gleichzeitig zu erfassen, zu einer Fragmentierung der Betrachterposition, ein Umstand, der mitunter positiv gewertet wird.[2] Nun stellt sich die Frage, ob eine derartige Erfahrung der Fragmentierung notwendigerweise für jeden Betrachter und jede Betrachterin gilt und ob sie darüber hinaus in kausalem Zusammenhang mit einer kritischen künstlerischen Praxis steht. Die frühe feministische Filmtheorie hatte zum Beispiel in ihrer Analyse des klassischen Hollywoodkinos eine, damals allerdings negativ konnotierte, Fragmentierung der Position der Zuschauerin konstatiert.[3] Für ein zeitgenössisches Kunstpublikum, das in den letzten Jahren häufiger mit Mehrfachprojektionen konfrontiert war, ist der Angriff auf die phantasmatische Kohärenz des BetrachterInnensubjekts längst zur Gewohnheit geworden – und damit kompensierbar. Es hat inzwischen gelernt, die filmischen Gegenüberstellungen zu einem einheitlichen Bild zusammenzusetzen, so wie man sich vor etwa fünfzehn Jahren an die hektische Montage der von MTV beeinflußten Filme gewöhnen mußte. Heterogenität läßt sich an *Turbulent* formanalytisch ebenso aufzeigen wie die von Neshat sublim eingesetzte nahtlose, d.h. kohärente Schnittechnik, auf deren Grundlage sich eine geradezu klassische, an die Identifikation mit der filmischen Handlung geknüpfte Begehrensökonomie ausbildet. Dualismus und Einheitlichkeit schließen sich, was die Doppelprojektion anbelangt, nicht aus.

Der zweite oben angeführte Dualismus, die geschlechterdichotome Trennung von öffentlicher und privater Sphäre, wird gerne auf die reale politische Situation im Iran bezogen, wo Frauen das öffentliche Auftreten verboten ist. Das vielbeschworene muslimische Equilibrium zwischen Männern und Frauen basiert auf der Aufrechterhaltung dieser Trennung, bei der Männer über den öffentlichen Raum und die gesellschaftlichen Verhaltensnormen entscheiden, während Frauen „den Männern helfen, indem sie Verantwortung für – wenn auch nicht Herrschaft über – die Privatsphäre übernehmen ... Eine Frau, die die Schwelle zum öffentlichen Raum überschreitet, hat sich an die männlichen Verhaltenskodices zu halten."[4] In diesem Kontext bricht Shirin Neshats Darstellung der Sängerin tatsächlich ein Tabu. Der Tabubruch besteht meines Erachtens jedoch weniger im Wagnis, eine Frau in der verbotenen Rolle zu zeigen, und erst recht nicht in der Privilegierung des Weiblichen, die manche Interpretationen dem Kunstwerk zuschreiben wollen, wenn sie die mystische Kraft des weiblichen Gesangs heraufbeschwören oder die kreisende Bewegung der Kamera als Freisetzung gegenüber einem statischen männlichen Prinzip feiern.[5] Vielmehr wird durch die Verletzung der männlichen Norm die phantasmatische Konstruktion der sozialen Sphären selbst sichtbar. Der Mythos der Geschlechterdichotomie kann nie in Deckung mit den Lebensrealitäten gebracht werden. Nun will ich nicht behaupten, daß Grenzverletzungen seitens der Frauen im Iran nicht bestraft würden oder daß dort keine patriarchalen Machtstrukturen bestünden. Doch wird die Grenze zwischen der männlich beherrschten öffentlichen und der weiblich konnotierten privaten Sphäre faktisch immer wieder durchschritten bzw. überschrieben und neu aufgebaut. Das zu zeigen und damit Raum für zukünftige Grenzauflösungen zu bieten, darin besteht Neshats Tabubruch.

that arises is whether this fragmentation is necessarily experienced by each and every viewer, and, furthermore, whether it is only critical artistic practice that causes such an experience. Thus, in its analysis of classic Hollywood cinema, early feminist film theory posited an – albeit at the time negatively connotated – fragmentation of the position of the female viewer.[3] The contemporary art audience, confronted by multiple screen projections with increasing frequency, has long since become used to – and able to compensate for – this assault on the phantasmatic coherence of its subjectivity as viewer. We have learned how to read cinematic juxtaposition as a single image in much the same way that fifteen years ago people had to get used to the frenetic montages of films influenced by MTV. In *Turbulent* we find both heterogeneity and coherence. The former in the video's formal aspects, and the latter in Neshat's sublime, seamless editing style. Her technique encourages an almost classic economy of desire based on the viewer's identification with the cinematic narrative. Dualism and uniformity are, as far as dual screen projection is concerned, not mutually exclusive.

The second dualistic theme mentioned above – the dichotomous separation of gender into public and private spheres – is often applied to the political situation in Iran, where women are forbidden to appear on a public stage. The frequently evoked Muslim equilibrium between men and women is dependent on the upholding of this separation in which men preside over the public space and societal norms of conduct, while women 'help the men by taking responsibility for – if not command of – the private sphere … A woman who crosses the threshold into the public space is required to obey the male codes of conduct.'[4] In this context Shirin Neshat's representation of the female singer does indeed violate a taboo. This has little to do with daring to show a woman in a forbidden role. It has even less to do with privileging femininity, as some interpretations which evoke the mystical power of the female song, or celebrate the circling movement of the camera as a liberation from a static male principle, would have it.[5] Rather, the film's violation of the male norm renders visible the very phantasmatic construction of the social spheres. The myth of the gender dichotomy can never be made congruous with the circumstances of real life. Now, I do not want to suggest that in Iran women who commit transgressions escape punishment, or that patriarchal power structures are not in place there. But the border between the male-dominated public sphere and the female-connoted private one is indeed continuously crossed, rewritten and reconstructed. Neshat's work constitutes a taboo violation precisely because it demonstrates the constructedness of borders and in so doing makes room for future crossings.

Turbulent does not deconstruct the dualism of binary gender identities, however. Nor does *Rapture* transcend a juxtaposition of women and men as members of homogeneous groups. The video does not complicate the notion of two genders, as if there were no social differences, no power relations, no intimate same sex relationships. It certainly does not allow for sexual ambiguities. Both groups – men and women – exist, so to speak, in a vacuum: the men occupy, but do not appear to inhabit, a kind of fortress. It is merely a stage prop, an abstract image that stands for the edifice proper. The women occupy the wasteland, a barren and empty space. Later they cross the rocky terrain and arrive at a beach. Here some of them get into a small wooden boat and set out to sea. Their black robes flapping in the wind make them seem like crows that briefly move in closer before disappearing from sight, that huddle together tightly and then disperse. Several times the women face us or the men on the other screen. But no one says anything. At one point the women ululate.

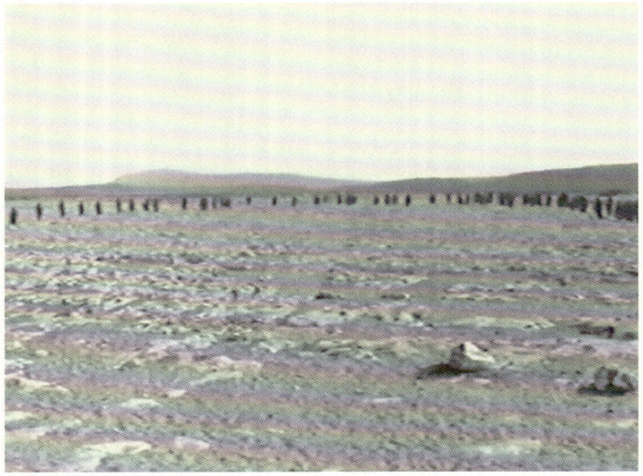 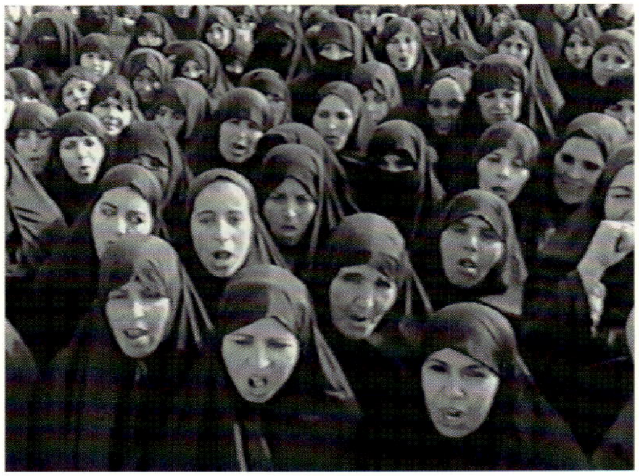 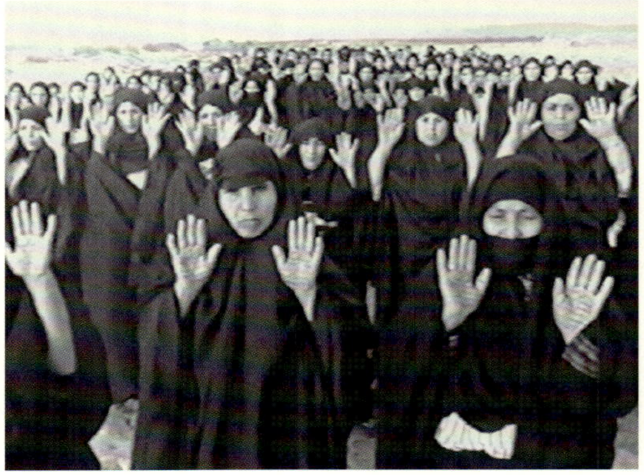

Der Dualismus binärer Geschlechtsidentitäten wird in *Turbulent* alllerdings nicht aufgelöst. Auch *Rapture* stellt Frauen und Männer als homogene Gruppen einander gegenüber. Jenseits der Zweigeschlechtlichkeit läßt die filmische Inszenierung keine Differenzierungen zu, als gäbe es keine sozialen Unterschiede, keine Machtverhältnisse, keine Liebesbeziehungen zwischen Frauen oder Männern, und schon gar keine geschlechtlichen Uneindeutigkeiten. Beide Gruppen, Männer wie Frauen, befinden sich sozusagen im luftleeren Raum: Die Männer bevölkern eine Art Festung, die zwar gut erhalten aber unbewohnt zu sein scheint. Sie ist nicht mehr als eine Kulisse, ein abstrahiertes Kürzel für das Bauwerk an sich. Die Frauen halten sich in der Einöde auf, einer Wüstenlandschaft. Später wandern sie über Felsen zu einem Strand, wo einige ein kleines Holzboot besteigen und ins Meer hinausfahren werden. In ihrer schwarzen, im Wind flatternden Kleidung wirken sie wie Krähen, die herannahen, um kurz darauf wieder aus dem Blickfeld zu verschwinden, sich eng zusammenziehen und wieder verstreuen. Mehrmals wenden sich die Frauen an uns bzw. die Männer auf der anderen Seite der Doppelprojektion. Doch keine sagt etwas. Einmal ullulieren die Frauen. In einer beeindruckenden Szene erheben sie schweigend ihre Hände, so daß wir ihre mit kalligraphischen Schriftzeichen bemalten Handteller sehen. Vielleicht handelt es sich, in Anlehnung an frühere Arbeiten von Shirin Neshat, um Gedichte berühmter iranischer Dichterinnen? Ich kann kein Farsi lesen. Es ist eigenartig, daß gerade diese Botschaft, mit der die Frauen uns konfrontieren, (für mich) unentschlüsselbar bleibt.

Auch die Blicke der Männer richten sich auf uns bzw. auf die Frauen. *Rapture* verschränkt seine beiden Teile dichter als *Turbulent*. Mehrmals geht der Blickkontakt zwischen Frauen und Männern hin und her; der Ton unterstreicht das dialogische Moment. Dabei scheint die Gruppe der Männer weit weniger auf Konfrontation aus zu sein; sie wirken neugierig, gelangweilt, geübt in ihrer Betrachterposition.

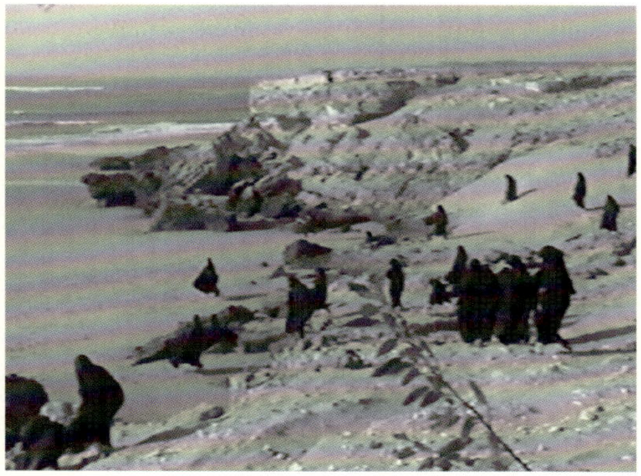
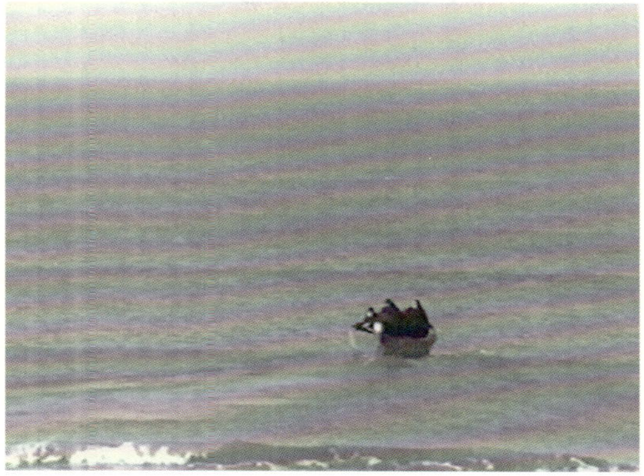
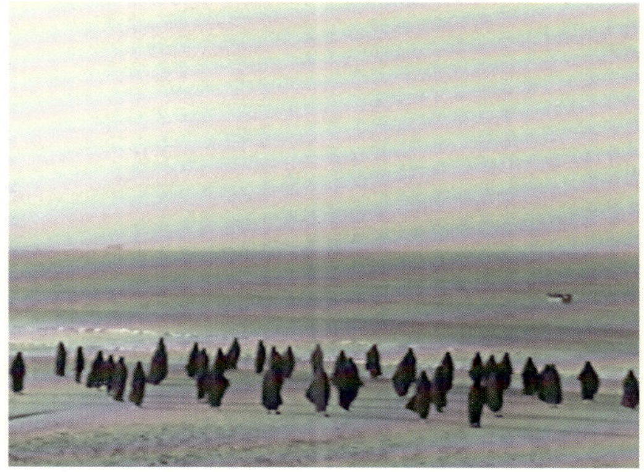

Rapture 1999, video stills

In one striking scene they silently hold up their hands to us, revealing palms painted with calligraphic characters. Are these perhaps – as in Shirin Neshat's earlier works – poems by famous Iranian women writers? I don't read Farsi. Strangely it is precisely this message offered up to us by the women that remains (for me) indecipherable.

The men also focus their gaze on us, or rather on the women. In *Rapture* the two sides are woven together more tightly than in *Turbulent*. Eye contact is made repeatedly between women and men; sound emphasizes this dialogic aspect. Yet for all that, the male group appears to be much less interested in a confrontation. The men seem half-curious, bored, practiced in their position as observers. At times we see them carrying out different activities: praying, performing ritual ablution and rolling out heavy carpets. Like the women, the men arrange themselves in different, seemingly ornamental formations; they lean against architectural structures or are, via the camera, associated with different segments of the architecture: an archway, a rounded wall, the battlements. Can the fact that the men stay behind while, at least, some of the women set out for distant shores be interpreted symbolically? Do the women free themselves from the shackles of a patriarchal tradition in which their men, enjoying the privileges it affords, remain caught? If we are to believe this interpretation, we must ask ourselves why the men wave so amicably to the departing women. Male approval of the action taken by the women does not tally with the patriarchal order scenario. Nor, upon closer examination, does it correlate with the gender polarities shown in the video.[6] It is the contradiction between the rigid narrative of gender polarities on the one hand, and the continuous fusing of the male and female positions on a formal level on the other, that lends *Rapture* its tension.

Furthermore, the association of the body with architecture seems to come less from a symbolic than from an abstract level – and at the same time it is more existential. Often the physical movements of the

Dazwischen sind sie bei verschiedenen Handlungen zu beobachten, beim Gebet und der rituellen Waschung, beim Ausrollen schwerer Teppiche. Wie die Gruppe der Frauen bilden sie verschiedene, ornamental anmutende Formationen, wobei sie sich an die Architektur anlehnen bzw. von der Kamera zu unterschiedlichen Segmenten der Architektur, seien es ein Torbogen, eine rund gebogene Mauer oder die Zinnen, in Beziehung gesetzt werden. Kann man den Umstand, daß die Männer zurückbleiben, während zumindest ein Teil der Frauen zu neuen Ufern aufbricht, symbolisch lesen? Befreien sich die Frauen aus den Ketten einer patriarchalen Tradition, innerhalb derer die Männer, ihre Privilegierung genießend, befangen bleiben? Dann stellt sich allerdings die Frage, wieso die Männer den aufbrechenden Frauen so freundlich nachwinken. Das männliche Einverständnis mit der Handlungsweise der Frauen ist mit dem Szenario der patriarchalen Ordnung nicht in Einklang zu bringen. Bei genauerer Betrachtung deckt es sich auch nicht mit der im Film dargelegten Geschlechteropposition.[6] Aus dem Widerspruch, der aus der Gleichzeitigkeit der bis zum Schluß aufrechterhaltenen Geschlechterpolaritäten und der engen filmischen Verzahnung dieser Positionen hervorgeht, bezieht *Rapture* seine Spannung.

Darüber hinaus ist die Verbindung der Körper mit der Architektur weniger auf der symbolischen als auf einer abstrakten Ebene anzusetzen – und zugleich wirkt sie existenzieller. Oft scheinen die Bewegungen keinen anderen als einen ornamentalen Zweck zu erfüllen. Vielleicht ist es tatsächlich möglich, die Wüste und die Festung metaphorisch zu lesen, etwa als Orte, die Frauen bzw. Männer in der Gesellschaft einnehmen – die einen den Naturkräften ausgesetzt, die anderen aufgehoben. Sehr viel wäre damit aber nicht gesagt. Die Traurigkeit, die diese Auslegung der Metaphern nach sich zieht, steht in keinem Verhältnis zu der Kraft der filmischen Bilder, zu der Vehemenz der Frauen und der festlichen Stimmung der Männer. Nun lebt die islamische Kultur vom Sprechen in Metaphern, das sich am Umgang mit Gedichten schärft oder im iranischen Filmschaffen niederschlägt. Mir bleibt ihr Sinn jedoch verschlossen, und ich vermute, daß mir weniger das Wissen um die fremden kulturellen Codes fehlt als die Alltagspraxis, in der die Verschlüsselung nicht nur politisch und religiös bedingt ist, sondern eine Form der Bedeutungsproduktion darstellt.

Ich frage mich, ob die Metaphorik der filmischen Bilder und die starke Ornamentalisierung der menschlichen Figuren, der einzelnen Szenen und der Schnittfolge, die, unterstützt vom Rhythmus der Tonregie, selbst wie ein Reigen wirkt, miteinander zu tun haben. Die Art und Weise, wie Körper zu Körpern und Körper zum Raum in Beziehung gesetzt werden, weist auf eine zutiefst anti-individualistische Haltung. Dabei wirkt die Abstraktion der menschlichen Formen nicht etwa menschenfeindlich; Frauen wie Männer werden hier sehr wohl als Handelnde verstanden, aber ihre Handlungsfähigkeit lebt von der Kollektivität und ist durch einen Körperbezug und eine Existenzweise geprägt, in der die ästhetische Form eine Rolle spielt.[7] Eine solche Darstellung kann und muß meiner Ansicht nach als ein Angriff auf die westliche Kultur gesehen werden, die ohne den Mythos individueller, autonomer Subjektivität undenkbar wäre. Schließlich rechnet Shirin Neshats Kunst ganz explizit mit dem westlichen Publikum, einem Publikum, das nach wie vor in der Tradition des kolonialistischen Blickregimes steht.

An der Diskussion um die Verschleierung muslimischer Frauen ist die Problematik des kolonialistischen Blicks längst dargelegt worden: Die feministische Kritik am Tschador und dem was er symbolisiert – die massive Unterdrückung der Frauen – muß in den Kontext des westlichen Orientalismus gestellt werden, für den die

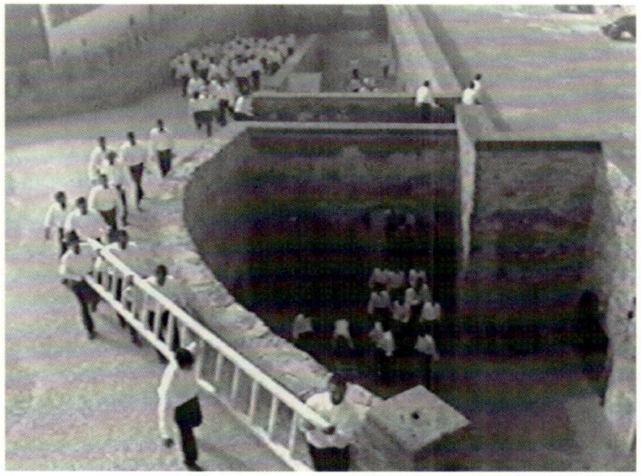
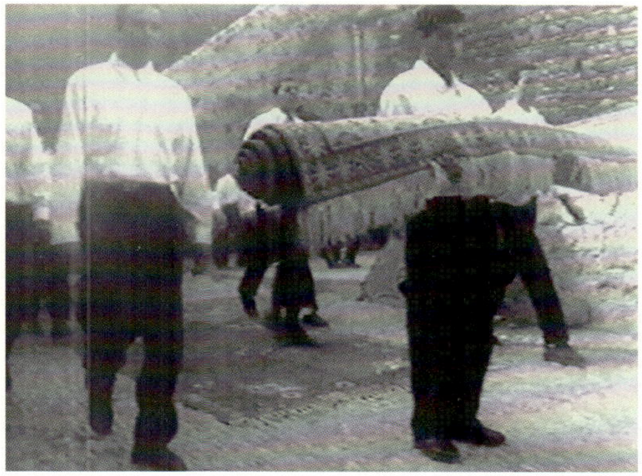
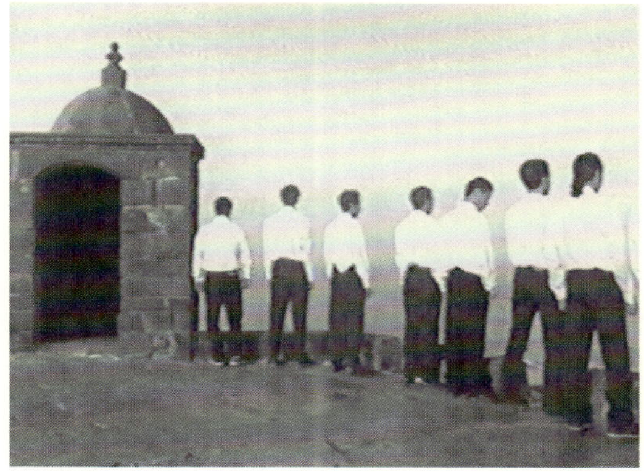

Rapture 1999, video stills

protagonists seem to fulfil a merely ornamental objective. Perhaps one can interpret the desert and fortress metaphorically, for instance, as places within the societies occupied by women and men respectively, where one group is exposed to the forces of nature, the other is safe and sound. That would not be saying much, however. The sadness inherent in this interpretation of the metaphors clashes with the power of the film's imagery, with the ardour of the women and the festive mood of the men's activity. Islamic culture is alive with a language of metaphors, a language honed by a keen poetic practice and manifested in the Iranian cinema. The meaning of this language, however, eludes us. It is not so much that we lack the knowledge of the foreign cultural codes as that we are unfamiliar with everyday practices in which encoding is not only determined by politics and religion, but itself also constitutes a production of meaning.

I wonder if there is a correlation between the metaphors of the film's images, on the one hand, and the explicit ornamentation of the human figures, the individual scenes, and the montage, on the other. The way bodies are placed in relation to other bodies and to space suggests a strongly anti-individualist stance. However, the abstraction of human forms does not communicate a contempt for humanity – certainly women and men are viewed here as agents, but their capacity to act depends on the collective whole. It is determined by a relation to the body and a way of existing in which aesthetic form plays a part.[7] This type of representation can and must, in my opinion, be seen as an attack on Western culture, which would be unthinkable without the myth of individual, autonomous subjectivity. After all, Shirin Neshat's art relies quite explicitly on the Western audience, an audience which remains caught in the tradition of the colonialist gaze.

The issue of the colonialist gaze has long been present in the discourse about Muslim women and the veil: feminist criticism of the chador and of what it symbolizes – the severe repression of women –

verschleierte muslimische Frau als Metapher für den Nationalkörper diente, als Rätsel, dessen Enthüllung die kolonialistische Vereinnahmung symbolisch rechtfertigte.[8] In der Diskussion um den Tschador überkreuzen sich nationale und geschlechtliche Diskurse. Die frühen fotografischen Arbeiten aus der Serie *Women of Allah* werfen die Frage auf, ob der Tschador nicht als Waffe gegen den kolonialistischen Blick eingesetzt werden kann. Ohne die Problematik einer solchen Haltung entschärfen zu wollen,[9] interessiert mich doch der radikale Blickentzug und die damit einhergehende Strategie der Absenz. Auch der Gebrauch von Metaphern zeugt letztendlich von Absenz, von der Abwesenheit des Signifikats, für das die Metapher einsteht. Vielleicht soll die Metaphorik von *Rapture* gar nicht entschlüsselt werden; vielleicht geht es einfach darum, die Existenz einer Kultur sichtbar zu machen, ohne sich gleichzeitig dem inkorporativen westlichen Blick auszuliefern, der alles wissen will und nichts versteht. Vielleicht ist die Ornamentalisierung der menschlichen Figuren im Film selbst als ein Schleier zu verstehen, der sich über das Bild zieht – in einer Verdichtung der Signifikanz, die anderswo gesucht werden muß.

Ich danke Anahita Shoaiyan für die anregende Diskussion über Shirin Neshats Arbeiten.

Anmerkungen

1 NEERY MELKONIAN: A Not-Yet-Named Third Space, in: *Shirin Neshat. Turbulent,* Kat. Whitney Museum of American Art 1998/1999, S. 7. (Übers.d.A.) Homi K. Bhabha hat den Begriff des „dritten Raumes" geprägt, um kulturelle Beziehungen jenseits von Identitätskategorien beschreiben zu können, als einen vom Kolonialismus bestimmten fortlaufenden Konflikt- und Verhandlungsprozeß. HOMI K. BHABHA: *The Location of Culture*, New York/London: Routledge 1994.

2 HAMID NAFICY: *Parallele Welten. Die Videoarbeiten Shirin Neshats,* im vorliegenden Katalog.

3 So zeigt z.B. Teresa de Lauretis, daß die Identifikation der Zuschauerin im klassischen Hollywoodkino anders als die männliche nicht mit der ödipalen Logik der Narration konform geht, sondern zwischen dem symbolischen Konstrukt Frau, das als Grundlage jeder Repräsentation dient, und Frauen, die als Objekte männlichen (ödipalen) Begehrens inszeniert werden, gespalten bleibt. TERESA DE LAURETIS: Desire in Narrative, in: DIES., *Alice Doesn't. Feminism. Semiotic,* Bloomington: Indiana University Press 1984.

4 Bounds of Desire, Zones of Contention (Islam, Women and The Veil). An Exerpt from a Conversation between Shirin Neshat and Octavio Zaya, in: *Shirin Neshat. Women of Allah,* Turin: Marco Noire Editore 1997. (Übers.d.A.)

5 Siehe z.B. PAUL D. MILLER: Festgehaltene Bewegung. Shirin Neshats 'Turbulent', in: *Parkett,* 54, 1998/99, S. 161–64.

6 Es sei denn, man verschreibt sich jener konservativen Ideologie, die im 19. Jh. unter dem Stichwort „separate, but equal" eine symbolische Aufwertung derjenigen gesellschaftlichen Bereiche versprach, die den Frauen zugeordnet wurde, ohne jedoch die Geschlechterdichotomie selbst infrage zu stellen. Es wäre zu fragen, ob und inwiefern diese geschlechtliche Trennung der Sphären mit der iranischen Situation vergleichbar ist.

7 Um Mißverständnissen vorzubeugen: Ich maße mir hier keine Aussagen zu einer wie immer gearteten iranischen Kultur an, sondern beziehe mich ausschließlich auf *Rapture*, also eine künstlerische Arbeit.

8 Siehe NEERY MELKONIAN (Anm. 1) und für eine fundierte soziohistorische Analyse des iranischen Tschadors: HAMID DABASHI: The Gun and the Gaze. Shirin Neshat's Photography, in: *Shirin Neshat. Women of Allah,* vgl.: Anm. 4.

9 Der Tschador läßt sich nicht ohne weiteres von seiner symbolischen und praktischen Funktion ablösen, Frauen auf ihre Geschlechtsidentität zu fixieren. Die Kosten der anti-kolonialistischen Strategie gehen also zunächst mit der Bestätigung der patriarchalen Diskriminierung der muslimischen Frauen einher. Viel hängt davon ab, an welches Publikum sich diese Strategie richtet. Neshats Visionen eröffnen neue Perspektiven für die Diskussion über den kolonialistischen Blick westlicher Feministinnen. Eine für muslimische Frauen erfolgreiche Uminterpretation des Tschadors kann m.E. jedoch nur auf kollektiver gesellschaftlicher Basis erfolgen.

must be seen in the context of Western Orientalism. The image of the veiled Muslim woman has long served as a metaphor for the national body. She is an enigma, whose unveiling symbolically justified the colonialist transgression.[8] National and gendered discourses intersect in the debate around the chador. The early photographs of the series *Women of Allah* raise the question of whether the chador can be used as a weapon to deflect the colonialist gaze. I have no intention of trivializing this issue.[9] Nevertheless, I find the notion of a radical denial of the gaze, and the concomitant strategy of absence, extremely productive. The use of metaphors, too, ultimately produces absence, the absence of a signified for which the metaphor stands. Perhaps the metaphor of *Rapture* is not meant to be deciphered at all; perhaps the point is to render visible the existence of a culture without simultaneously subjecting it to the mercy of the all-incorporating Western gaze that wants to know everything and understands nothing. Perhaps the ornamentalization of the human form in the video is itself to be seen as a veil that falls across the picture, a gathering of the layers of a meaning that must be sought elsewhere.

I would like to thank Anahita Shoaiyan for the stimulating discussion about Shirin Neshat's work.

Translation: Kimi Lum, Editing: Julia Scheffer

Notes

1 NEERY MELKONIAN: 'A Not-Yet-Named Third Space', in: *Shirin Neshat. Turbulent* (cat. Whitney Museum of American Art 1998/1999), p. 7. Coined by Homi K. Bhabha, the term 'third space' is used in order to avoid identity categories. It describes cultural relations as an ongoing process of conflict and negotiation that is determined by colonialism. HOMI K. BHABHA: *The Location of Culture*, New York/London: Routledge 1994.

2 HAMID NAFICY: *Parallel Worlds. On Shirin Nehsat's Videos,* in this catalogue. According to Teresa de Lauretis, the male identification within classical Hollywood cinema conforms to the Oedipal logic of narrativity, whereas the female viewer is caught between the symbolic construct of woman and the cinematic depiction of women as objects of male (Oedipal) desire. TERESA DE LAURETIS: 'Desire in Narrative', in: *Alice Doesn't. Feminism. Semiotics. Cinema,* Bloomington: Indiana University Press 1984.

4 'Bounds of Desire. Zones of Contention (Islam, Women and The Veil). An excerpt from a conversation between Shirin Neshat and Octavio Zaya', in: *Shirin Neshat. Women of Allah,* Turin: Marco Noire Editore 1997.

5 See for example Paul D. Miller: 'Motion Capture. Shirin Neshat's *Turbulent*', in: *Parkett*, 54, 1998/99, pp. 156–60.

6 Unless one espouses the conservative ideology of 'seperate but equal' spheres, that symbolically upgraded those spheres of society women had been relegated to in the ninteenth century, while, at the same time, reinforcing the gender dichotomy. It stands to question whether – and if so, to what extent – this separation of the spheres along gender lines is comparable to the Iranian situation.

7 To avoid any misunderstandings, I only refer to *Rapture*, i.e. a work of art. I do not presume to make any claims about Iranian culture.

8 See NEERY MELKONIAN, op. cit. note 1, and for a more comprehensive socio-historical analysis of the Iranian chador: HAMID DABASHI: 'The Gun and the Gaze. Shirin Neshat's Photography', in: *Shirin Neshat, Women of Allah*, op. cit. note 4.

9 The chador cannot simply be detached from its symbolic and practical functions of tethering women to their sexual identity. The anti-colonialist strategy therefore risks affirmation of the patriarchal discrimination of Muslim women. Much depends on the specific target of this strategy. Neshat's visions open up new perspectives for discussing the feminist colonialist gaze. A – for Muslim women – successful reinterpretation of the chador must, in my opinion, be based on collective strategies and involve society as a whole.

Hamid Naficy

Parallele Welten

Über die Videoarbeiten Shirin Neshats

Die 1957 im Iran geborene Shirin Neshat, die im Alter von siebzehn Jahren in die USA ging, gehört zu einer ständig größer werdenden Gruppe interkultureller Künstler und Filmemacher des Westens, Künstler, deren Leben und Schaffen verschiedene künstlerische Bereiche – in ihrem Fall Fotografie und Film – umfaßt und Stil-, Genre-, Geschlechts-, Rassen-, Nationalitäts-, Ethnizitäts-, Sprach- und Kulturgrenzen überschreitet. Viele von ihnen sind Exilanten, Auswanderer, Opfer der Diaspora, die in einem beklemmenden Raum des kulturell Anderen leben. Sie fühlen sich weder hier noch dort wohl und artikulieren sich gleichsam von der Schwelle aus, von einer Zwischenposition, aus der sie ihre Autorität beziehen. Die sich daraus ergebenden Spannungen bringen Werke von großer Komplexität und Intensität hervor. Diese Exilanten sind jedoch keine Randgruppe; sie bewegen sich in den Fugen zwischen verschiedenen gesellschaftlichen Formationen und künstlerischen Ansätzen. Deshalb sind sie in der Lage, die übernommenen Werte und Praktiken sowohl ihrer Heimat

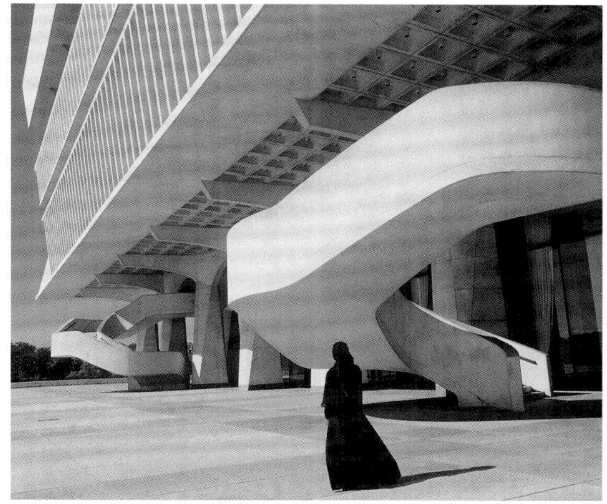

Soliloquy 1999, production still

Hamid Naficy

Parallel Worlds

Shirin Neshat's video works

Born in 1957 in Iran and living in the United States since she was seventeen, Shirin Neshat is among the growing crop of intercultural artists and film-makers in the West whose lives and works intersect artistic domains (in her case, photography and film) and cross boundaries of style, genre, gender, race, nationality, ethnicity, language and culture. Many of them are exiles, émigrés or diaspora victims inhabiting the anxious space of the cultural 'other'. Comfortable neither here nor there, they are liminal, and it is from this in-between position that they speak and draw their authority. The resulting tensions often produce works of great complexity and intensity. However, these artists are not marginal, for they move in the interstices of social formations and artistic approaches. As a result, they are in a position to critique the assumed values and practices both of their home and their host societies. This criticism accents their works in certain specific ways, which is why I have called their collective output an 'accented cinema' (Naficy 1999a).

als auch ihrer Gastländer zu kritisieren. Da diese Kritik ihren Arbeiten gewisse Akzente verleiht, habe ich das Werk dieser Filmemacher insgesamt als *accented cinema* („Kino der Akzente") bezeichnet. (Naficy 1999a)

Shirin Neshat ist eine diesem „Kino der Akzente" zuzurechnende Filmemacherin, deren Arbeiten den Impuls der Entwurzelung zum Ausdruck bringen und zugleich verkörpern. Ein Kernproblem dieser Filmemacher besteht darin, in einem Medium, in dem die linare Zeit regiert, parallele Zeiten und gleichzeitige Räume darzustellen. Unter Bezugnahme auf Sergej Eisenstein hat George Marcus auf die Methode der ‚Montage' verwiesen, die nicht nur vielfache Zeiten und Orte zu verschlüsseln, sondern auch die realistische Weltdarstellung (die der vorherrschende Stil im Kino ist) selbstbewußt zu kritisieren erlaubt. Im „Kino der Akzente" wie in der Ethnographie der vielen Orte, über die Marcus spricht, beruht die Montage auf einer kritischen Konfrontation paralleler Räume, Zeiten, Stimmen, Erzählungen und Brennpunkte. (Marcus 1994)

Neshats radikalste Strategie kritischer Konfrontation besteht darin, sich dem Reglement der linearen Zeit zu widersetzen, indem sie sich für die Wiedergabe ihrer Werke nicht mit einer Bildfläche oder einem Kanal begnügt. Drei ihrer jüngsten Videoinstallationen, *Turbulent* (*Biqarar*, 1998), *Rapture* (*Owj*, 1999) und *Soliloquy* (*Zemzemeh*, 1999), bestehen aus zwei synchronen Projektionen auf einander zugewandten Flächen. Unabhängig vom Inhalt des Gezeigten garantieren Dualität und Gegenüberstellung, daß die beiden Projektionen einander ebenso ergänzen wie konterkarieren. Geschickt unterstreicht diese Anordnung die kritische Konfrontation und erzeugt beim Betrachter einen ‚Montageeffekt'. Die bloße Präsenz der beiden Bildflächen reproduziert gewissermaßen die Dualität, Brüchigkeit und Gleichzeitigkeit der deterritorialisierten Existenz.

Neshats Filme stellen sowohl eine Kritik des herrschenden Erzählkinos und seiner realistischen und stimmigen Geschichten als auch einen Angriff auf dessen dem Betrachter entgegenkommenden Beobachterstandpunkt dar. Insofern Neshats Filme weder Kohärenz noch Wohlbehagen erzeugen, sind sie antihegemonial.

Das Nebeneinander von widersprüchlichen Inhalten und Inszenierungen innerhalb eines televisuellen Raums verstärkt den Montageeffekt. In *Turbulent* etwa sind die beiden Bildflächen geschlechtlich bestimmt. Auf der ‚männlichen' Bildfläche ist eine Gruppe von Männern mit Bärten, weißen Hemden und schwarzen Hosen zu sehen, die mit dem Gesicht zur Bühne in einem Saal sitzen. Ein Sänger (gespielt von Shoja Azari) betritt die Bühne, wird vom Publikum begrüßt und beginnt dann ein wunderbares, beeindruckendes Sufi-Liebeslied nach einem Gedicht des persischen Mystikers Jalal al-Din Rumi vorzutragen (Stimme: Shahram Nazeri). Überraschenderweise wendet er dem diegetischen Publikum den Rücken zu und singt für die Kamera, wodurch er den extradiegetischen Betrachtern des Videos den Vorzug gibt. Auf der gegenüberliegenden, ‚weiblichen', Bildfläche sieht man eine Frau im schwarzen islamischen Tschador auf einer Bühne stehen, mit Blick auf die leeren Sitze eines Saals, wartend und lauschend. Sie steht mit dem Rücken zur Kamera, zum Sänger und zu den extradiegetischen Betrachtern. Als der Sänger geendet hat, beginnt die Frau zum leeren Saal gewandt zu singen (Darstellerin und Stimme: Sussan Deyhim). Die Kamera, die sich bei der Darbietung des Sängers nicht bewegt hat, fährt nun um sie herum und zeigt ihr ausdrucksvolles Gesicht. Im Unterschied zur Ballade des Sängers, die einen Text hatte und mit der Autorität der Tradition und der Authentizität des Avaz-Genres vorgetragen wurde, handelt es sich beim Vortrag der Frau um einen wilden, persönlichen Gesang, in dem sich Flüstern, Singen, Keuchen und Schreien (keine

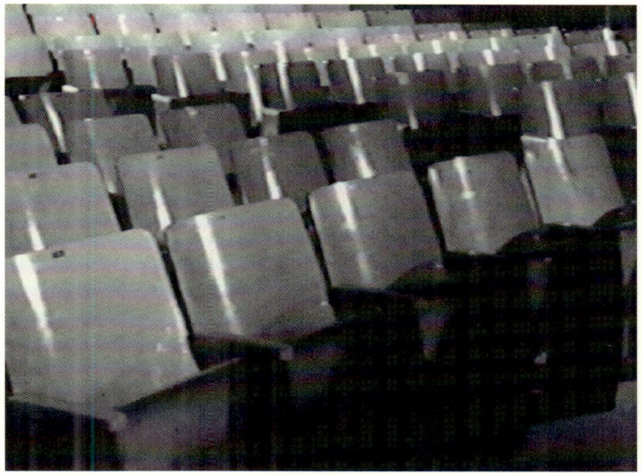

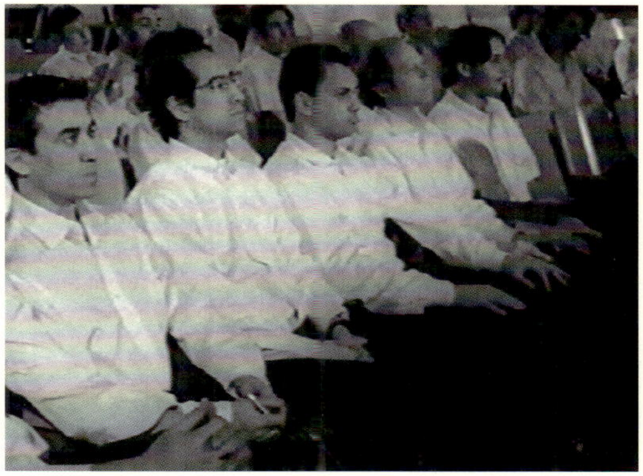

Turbulent 1998, video stills

Shirin Neshat is such an 'accented' film-maker. Her works express as well as embody her torqued dislocation. For these film-makers, a key problematic is the representation of parallel times and simultaneous spaces in a medium that is structured by linear time. Citing Sergei Eisenstein, George Marcus offered 'montage' as a method that not only encodes multiple times and sites, but also self-consciously critiques the realist representation of the world (which in cinema is the dominant style). In the 'accented cinema', as in the multi-sited ethnography that Marcus speaks about, montage is achieved by the critical juxtaposition of parallel spaces, times, voices, narratives and foci (Marcus 1994). Neshat's most radical strategy for achieving critical juxtaposition is to defy linear time by dispensing with a single screen or single channel presentation of her films. Three recent installations, *Turbulent* (*Biqarar*, 1998), *Rapture* (*Owj*, 1999) and *Soliloquy* (*Zemzemeh*, 1999), consist of two simultaneous video projections on facing screens. Regardless of what is on them, their physical arrangement ensures that they resonate with and against each other. Consequently, they deftly embody critical juxtaposition and produce a 'montage effect' in the audience. The mere exposure to the screens reproduces in the viewer, in some measure, the duality, fragmentation and simultaneity of deterritorialized existence.

For these reasons, Neshat's films represent criticism both of mainstream cinema's narrative style, which tends to create realistic and coherent stories, and of its spectatorial regime, which tends to pamper the audience. Her films produce neither coherence nor comfort. In that sense, they are cinematically counter-hegemonic.

The juxtaposition of conflicting content and *mise en scène* within each televisual space reinforces the montage effect. In *Turbulent*, for example, the two screens are genderised. The 'male' screen shows a group of men, wearing white shirts and black trousers, seated in an auditorium, facing a stage. Soon a male singer (played by Shoja Azari) comes onto the stage and, welcomed by the audience, begins to sing a

Worte) verbinden und der von emphatischen Gesten begleitet wird. Wie von ihrer Darbietung überrascht und paralysiert, starren sie die Männer und der Sänger gebannt an.

Die Anordnung der einander gegenüberliegenden Bildflächen betont die gegensätzlichen Inhalte, indem sie die strenge Trennung der Geschlechter wiedergibt, die der Islam im Iran durchgesetzt hat. Die Bildflächen sind aber ebensowenig neutral oder hermetisch abgeschlossen, wie der gesellschaftliche Raum im Iran trotz erstickender gegenteiliger Vorschriften nicht völlig von Segregation beherrscht wird. Zu jeder Verschleierungsregel etwa gibt es eine Antwort, die sie verletzt, mit ihr spielt, den Schleier nicht nur zu einer eindrucksvollen semiotischen und politischen Ikone, sondern auch zu einem dynamischen, Männer und Frauen betreffenden Instrument von Macht, Sexualität und Überschreitung werden läßt. Wände und Schleier trennen Menschen, schließen sie aber nicht gänzlich ein. Sie fordern zur Neugier heraus und eröffnen durch Voyeurismus und Exhibitionismus ein visuelles Vergnügen. In der Praxis haben Frauen einen großen Spielraum im Hinblick darauf, wie sie sich dem männlichen Auge zeigen: Es kommt darauf an, für welche Körpersprache sie sich entscheiden, ob und wie sie Blickkontakt herstellen, welchen Schleier sie tragen, welche Kleider sie darunter anhaben, wie sie den Schleier in strategischen Augenblicken aufgehen lassen oder schließen, um jemanden anzulocken oder sich zu maskieren, um Augen, Gesicht, Haar, Körper und Kleider darunter zu zeigen oder zu verbergen. Indem Frauen so mit dem Schleier spielen, schaffen sie die notwendige Distanz, die einer Skopophilie (Schausucht) Vorschub leistet. Gleichzeitig machen solche Strategien Frauen als Gegenstand dieser Schausucht zu erotischen Objekten und unterlaufen damit gerade die Regeln der Sittsamkeit und der religiösen ‚Gebote des Schauens', die verhindern sollen, daß sie zu Sexualobjekten werden.

Trotz der potentiell fließenden Grenzen ist das Verschleierungsgebot eine für Frauen repressive Maßnahme und fördert nicht nur Voyeurismus und Exhibitionismus, sondern auch die Überwachung. Einen bemerkenswerten Niederschlag findet dieser Zusammenhang in jenen iranischen Miniaturmalereien, auf denen man Figuren in Häusern, Palästen und Gärten sieht, die hinter Fenstern, Vorhängen, Türen und Büschen hervorlugen oder -lauschen. Auch in den postrevolutionären iranischen Film fand dieser Zusammenhang Eingang: Er brachte dort eine einzigartige Poetik der Wahrnehmung und der Verschleierung hervor, welche die Kleidung der Personen (lang und lose), deren Verhalten und Umgang (würdevoll, kein Körperkontakt zwischen Männern und Frauen) und das Schauen im Film (abgewandtes Gesicht, kein Blickkontakt) bestimmt. In der daraus entstandenen, heute zusehends liberaler interpretierten Filmgrammatik hatten weder Nahaufnahmen von Frauengesichtern noch begehrliche Blicke zwischen Männern und Frauen Platz. Frauen wurden außerdem häufig nicht in Bewegung gezeigt, um die Körperumrisse nicht sichtbar werden zu lassen. (Naficy 1999b)

Durch die zweifache Bildfläche und die Trennung in eine männliche und eine weibliche Welt reproduziert Shirin Neshat nicht nur die erdrückende Enge des gesellschaftlichen Raums im heutigen Iran, sondern verletzt diesen auch auf kongeniale Weise mittels Stimme und Blick. Trotz der Regeln der Sittsamkeit, die es Frauen verbieten, in der Öffentlichkeit zu singen, durchbricht die persönliche und leidenschaftliche Stimme der Frau in *Turbulent* die Schranke der Bildfläche und läßt die Männer erstarren. Das Wechselspiel zwischen den beiden Bildflächen erinnert an Althussers berühmtes Beispiel eines Fußgängers, der, indem er auf die Anrufung eines Polizisten („Sie da!") reagiert und sich umdreht, sich der Autorität der Polizei unterwirft. Im Film ist die Bewegung der Macht natürlich umgekehrt:

lovely and powerful Sufi song of love after a poem by the Persian mystic Jalal al-Din Rumi (voice of Shahram Nazeri). Surprisingly, however, he delivers the song to the camera, with his back to the diegetic audience, thus privileging the extradiegetic viewers of the video. On the opposite 'female' screen, a woman clad in the Islamic black chador (Sussan Deyhim) stands on a stage, facing the empty seats of another auditorium, waiting, listening. Her back is to the camera, to the male singer and to the extradiegetic viewers. When the man finishes, however, she begins to sing to the empty auditorium. The camera, which remained stationary for the man's performance, tracks around to reveal her expressive face. Unlike the male ballad, which contains words and is delivered with the authority of tradition and the authenticity of the genre of avaz singing, the woman's song (sung by Deyhim) is a wild, individualized vocalization that mixes whispering, singing, panting and wailing and is accompanied by emphatic gestures. Surprised and transfixed by her vocalization, the men, including the male singer, stare at her intensely.

The arrangement of the two facing screens reinforces their contrasting content, paralleling the strict segregation of sexes that the Islamic Republic has imposed in Iran. But the screens are not neutral or hermetically sealed, in the same manner that social space in Iran is not totally segregated despite the stifling rules to the contrary. For every stratagem of veiling, for example, there is one that violates it or plays with it, turning the veil not only into a powerful semiotic and political icon, but also into a dynamic instrument of power, sexuality and transgression, in the use of which both men and women are implicated. Walls and veils may segregate people but they do not seal them. Instead, they tend to provoke curiosity and to offer visual pleasure by exhibitionism and voyeurism. In practice, women have a great deal of latitude in how they present themselves to male onlookers through their choice of body language, eye contact, the type of veil worn, the clothing worn underneath the veil, and the manner in which they fan the veil open or draw it shut at strategic moments to lure and to mask or to reveal and to conceal the eyes, face, hair, body or clothing underneath. By playing with the veil, they create the necessary distance that promotes scopophilia (pleasurable looking). At the same time, these strategies turn them, as the subjects of scopophilia, into erotic objects, thus, ironically, subverting the rules of modesty and the religious 'commandments of looking', which are designed to prevent women from becoming sexual objects.

Despite its potential fluidity, veiling is repressive and it promotes not only voyeurism and exhibitionism, but also a culture of surveillance. This culture is inflected remarkably in the Iranian miniature paintings in which figures inside houses and palaces and in gardens are shown peering or listening from behind windows, curtains, doors and bushes. It is uniquely inflected in the country's post-revolutionary cinema, where it engendered a unique poetics of vision and veiling, which governs the characters' dress (long, loose-fitting), behaviour, acting (dignified, no body contact between men and women) and gaze (indirect and averted). The evolving filmic grammar, now increasingly liberally interpreted, discouraged close-up photography of women's faces or of exchanges of desirous looks between men and women. In addition, women were often filmed in inactive roles to prevent the contours of their bodies from showing (Naficy 1999b).

Through her double screen structure and dual male-female worlds, Neshat not only reproduces the stifling gendered social space of contemporary Iran, but also violates it ingenuously by means of voice and gaze. Despite the rules of modesty that forbid women from singing in public, the woman's voice in *Turbulent* – personal and passionate – breaks through the screen barrier, transfixing the men. This

Als der Mann mit Autorität zu singen beginnt, wendet ihm die Frau den Rücken zu; als jedoch sie zu singen beginnt, können die Männer nicht anders, als sich ihr zuzuwenden. Und weil sie das tun, werden sie mit ihrer Anrufung konfrontiert und unterwerfen sich ihr. Ihre emphatischen Gesten und ihr Gesichtsausdruck verletzen den Züchtigkeits- und Anständigkeitskode zusätzlich. Die Männer wiederum verstoßen ihrerseits gegen die gesellschaftlichen Regeln, die ihnen den direkten Blickkontakt mit Frauen verbieten, indem sie die Sängerin gebannt, ja fast gewalttätig anstarren. Ihr aggressives Schauen dient nur dazu, ihre Anrufung zu kaschieren.

Geschlechtliches Sehen und transgredienter Ton spielen auch in Shirin Neshats anderen Filmen eine wesentliche erzählerische und kritische Rolle. In *Rapture*, einem in Essaouira in Marokko gedrehten Film, zeigt die ‚männliche' Bildfläche eine ähnlich gekleidete Gruppe Männer, die kraftvoll singend in eine Befestigungsanlage eindringen, und deren Mauern mit Leitern erklimmen. Von den Brüstungen schauen sie dann auf andere Gruppen von Männern hinunter, die in verschiedenen Kreisformationen mit rituellen Kämpfen, Waschungen und Gebeten beschäftigt sind. Inzwischen taucht auf der ‚weiblichen' Bildfläche in der Wüstenebene eine große Gruppe von Frauen in schwarzem Tschador in verschiedenen geradlinigen Formationen auf, welche wie die Vögel in Hitchcocks gleichnamigem Film aus dem Jahr 1963 verfolgen, was auf der ‚männlichen' Bildfläche vorgeht – geräuschlos, geduldig, bedrohlich. Dann beginnen sie zu wehklagen und bringen die Männer dazu, in ihren Ritualen innezuhalten und ihnen ihre Aufmerksamkeit zuzuwenden. Schließlich gehen die Frauen ans Meer, wo sie unter Aufbietung all ihrer Kräfte ein Ruderboot ins Wasser stoßen, und ein halbes Dutzend Frauen rudert auf das weite Meer hinaus. Die Männer, die es sich in ihrer Festung häuslich gemacht haben, können ihnen nur zusehen und winken. Solche Szenen sind ein eindringliches Symbol weiblicher Befreiung und männlicher Gefangenschaft: Männer, die am Schutz der Tradition und patriarchalen Ordnung Gefallen finden, verfangen sich oft darin, während Frauen, die im allgemeinen der Tradition und männlicher Macht unterworfen sind, sich manchmal davon befreien können.

In *Rapture* ist die Interaktion zwischen ‚männlicher' und ‚weiblicher' Bildfläche häufiger als in *Turbulent* und wird von einem Blickwechsel getragen. Entscheidend ist allerdings, daß nicht zwei individuelle Charaktere, sondern vielmehr die männliche und die weibliche Gemeinschaft und die geschlechtsspezifischen Kulturen dieser Gruppen einander gegenüberstehen. Im Unterschied zu einem Großteil des westlichen Kinos und der feministischen Filmtheorie ist die Sichtweise von Neshats Filmen nicht persönlich, sondern gesellschaftlich. Da dem Blick weder Individualität noch Subjektivität zugeschrieben wird, erscheinen die männlichen und weiblichen Subjekte des Blicks homogenisiert und hermetisch abgeschlossen. Das unterstreicht wiederum eine binäre und politisch konservative Sicht der Geschlechtswelten und unterläuft Neshats angedeutete Überschreitung des Gegensatzes. Solche Widersprüche sind als Zeichen der Beklemmung des Exils ein Aspekt des dem „Kino der Akzente" eigenen Stils.

In *Soliloquy* verzichtet Neshat auf den Gegensatz der zwei Geschlechter – ein Schritt, auf den bereits das Verlassen der klaren Schwarzweiß-Kinematographie verweist, die sich in *Turbulent* und *Rapture* als äußerst tauglich erwiesen hat, einander entgegenstehende Welten zu umreißen: Schwarz gegen Weiß, Weiblich gegen Männlich. Statt dessen beschäftigt sich Shirin Neshat in *Soliloquy* mit der intimsten und erschreckendsten Erfahrung des Entwurzeltseins: der Dualität der Identität und der Spaltung des Ichs. Auf einer Bildfläche sieht man Neshat in schwarzem Schleier aus einem Fenster auf eine

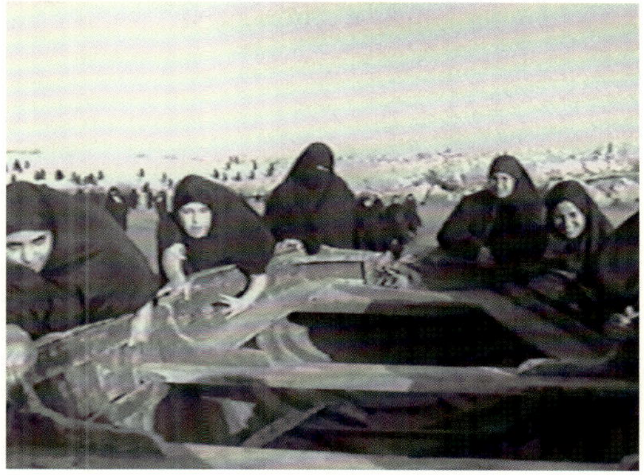

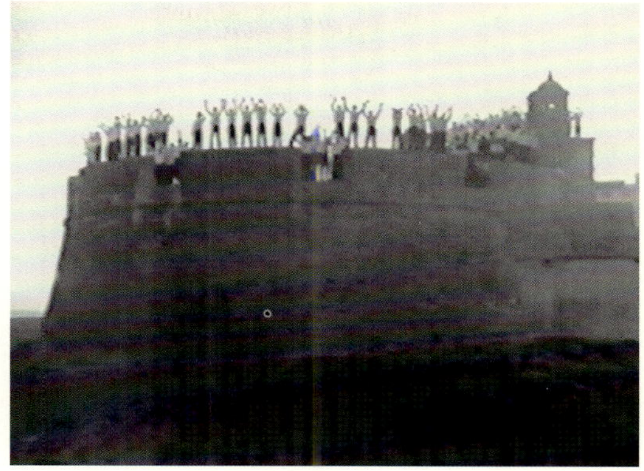

Turbulent 1998, video stills

exchange between the two screens is reminiscent of Althusser's famous example of 'interpellation', whereby the act of turning in response to the call 'Hey, you there!' of a figure of authority, such as a policeman, renders a passerby the subject of that authority. In the film, however, the flow of power is reversed, for when the man sings authoritatively, the woman turns her back to him, but when she begins to sing, the men cannot help but turn toward her. By so doing, they are interpellated by her, becoming her subjects. Her emphatic gestures and facial expressions further violate the codes of modesty and public decorum. The men, in turn, break the social rules forbidding direct eye contact with women by staring intently, almost violently, at her. Their aggressive look only serves to conceal their interpellation.

Gendered vision and transgressive sound also play crucial narrative and critical functions in Shirin Neshat's other films. In *Rapture* (filmed in Essaouira, Morocco), the 'male' screen shows a similarly dressed group of men powerfully chanting and forcing their way into a walled fort, whose walls they scale with ladders. From the parpets they look down upon other male groups, who in various circular formations are engaged in ritualised acts of fighting, ablution and prayer. Meanwhile, on the 'female' screen, a large group of women wearing black chadors appear in the flat desert in various straight line formations from which they observe the 'male' screen, like the crows in Alfred Hitchcock's *The Birds* (1963), silently, patiently and ominously. Then, they begin to ululate, causing the men to stop their self-absorbed rituals and to watch them intently. Eventually, the women find their way to a beach, where with effort they push a rowboat into the water and half a dozen of them row away across the vast ocean. The men ensconced in their fortified castle, can only watch and wave at them. These scenes powerfully symbolize female liberation and male imprisonment: men who enjoy the protection of tradition and patriarchal order can often become imprisoned by them,

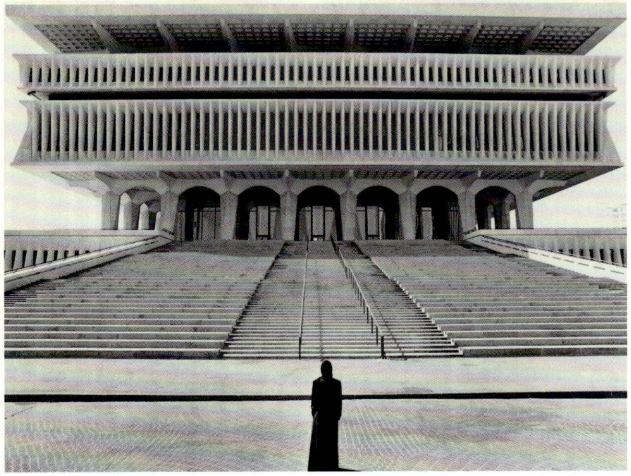

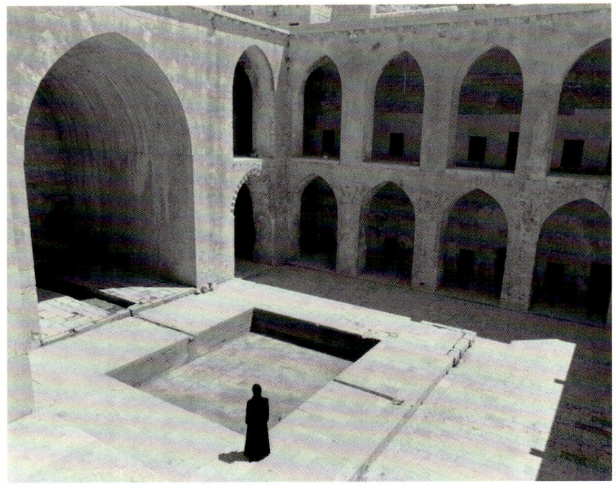

moderne Stadtlandschaft schauen (die Aufnahmen wurden in Albany, New York, gemacht); auf der anderen Bildfläche sieht sie, ähnlich gekleidet, aus einem Fenster auf eine traditionelle islamische Stadtlandschaft (Mardin, Türkei). Beide Frauen wenden der Kamera und einander den Rücken zu. Die Kamera verläßt dann jeweils den Raum und umkreist das Gebäude, um die aus den Fenstern schauenden Frauen zu zeigen. Wie durch das Trauma des Exils und die Unvereinbarkeit ihrer Welten – der Welt des Westens und des Ostens – voneinander getrennte Doppelgängerinnen schauen die beiden Gesichter Neshats nun in die Kamera und einander an.

Die Unvereinbarkeit wird noch deutlicher, als die Frauen ihr Zimmer verlassen, um die jeweilige Stadt zu erkunden. Eine Stadt ist modern und urban, voller unpersönlicher Betongebäude, U-Bahn-Stationen und Menschenmengen, während die andere traditionell und ländlich ist, malerische Durchgänge, Moscheen und Höfe hat und von fröhlich im Wasser spielenden Kindern bevölkert ist. Schließlich landet das westliche Neshat-Double in einer Kirche, in der ein Choral gesungen wird, während die andere Frau eine Moschee betritt, in der sich Frauen zum Gebet versammelt haben. In der Mischung aus Choral und Gebet fließen die beiden bisher unvereinbaren Welten aufs schönste ineinander.

Thematisiert das, was man sieht, die Unterschiede zwischen Exil und Zuhause oder die Vorstellung der Verweigerung, unterstreichen die sich vermischenden Stimmen die Wiederversöhnung der beiden Welten oder die Vorstellung der Verschmelzung. Der Film deutet also an, daß die Spaltung durch das Exil mithilfe der menschlichen Stimme geheilt werden kann. Walter Ong schreibt dem Sehen und dem Hören unterschiedliche Eigenschaften zu: Während der Blick analytisch und isolierend sei und den Betrachter vom Betrachteten entferne, verschlinge einen der Klang und vereine Erzeuger und Empfänger des Klangs. (Ong 1982: S. 71–74) Ong hebt hervor, daß Bilder getrennt vom Produzenten existieren können, es aber keinen

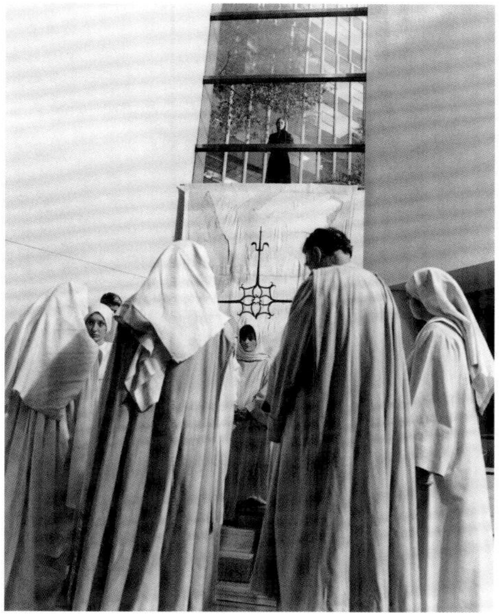
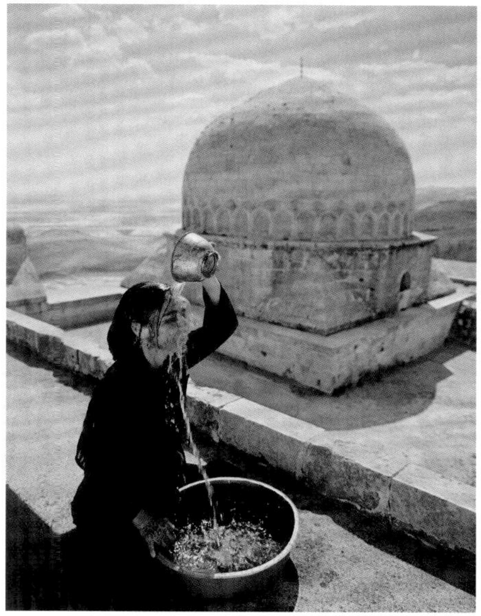
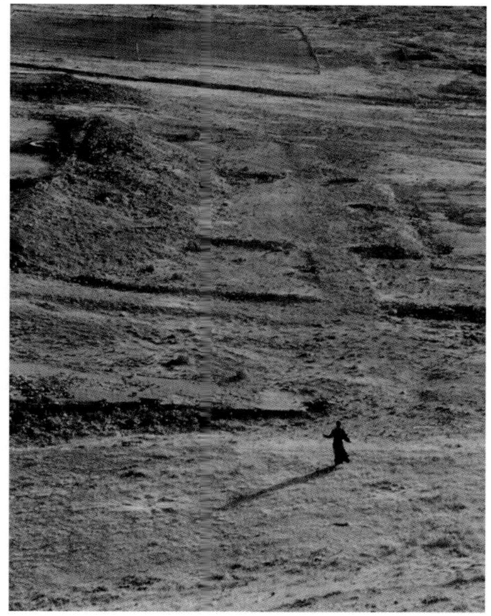

Soliloquy 1999, production stills

while women who are usually constrained by tradition and by male power can sometimes achieve freedom from them.

The interaction in *Rapture* between the 'male' and 'female' screens is more frequent than in *Turbulent*, and it is driven by the exchange of the gaze. Significantly, however, this is not so much an exchange between two individual characters as one between the male and female groups and the gendered cultures that they represent. Contrary to much of Western cinema and feminist film theory, the gaze in Neshat's films is not personal but social. On the other hand, since no individuality or subjectivity is ascribed to it, the male and female owners of the gaze become homogenized and hermetically sealed. This, in turn, reinforces a binarist and politically conservative view of the gendered worlds, undermining Neshat's own transgressive suggestions. Such contradictions, signs of exilic anxiety, are part and parcel of the 'accented' film style. In *Soliloquy*, Neshat leaves the binarist construction of gender aside, a move that is signalled by her abandoning the crisp black and white cinematography, which in *Turbulent* and *Rapture* served so well to create diametrical black or white, female or male, worlds. In this film, she takes as her subject the exploration of one of the most intimate and intimidating experiences of displacement: the duality of identity and the splitting of the self. On one screen (filmed in Albany, New York), Neshat clad in a black veil peers out of a window onto a modern cityscape; while on the other screen (filmed in Mardin, Turkey) she, similarly dressed, looks out of a window onto a traditional Muslim cityscape. Both women have their backs to the camera and to each other. Then, the

Klang ohne die ihn hervorbringende Kraft der menschlichen Stimme gibt. (Ong 1982: S. 32) Das ist der Grund für den einzigartigen Zusammenhang des Klangs mit dem Inneren und der Identität sowie der Grund dafür, daß Stimme und Sprache unmittelbar mit Stärke und magischer Kraft in Verbindung gebracht werden. *Soliloquy* hält die Distanz des Blicks und das Von-der-Stimme-Verschlungen-Werden in prächtigen Farbbildern (von Ghasem Ebrahimian) und unvergeßlichen Klängen (von Sussan Deyhim) fest.

In *Soliloquy* sparen die Bildflächen zwar die Dichotomie Männlich-Weiblich aus, bringen jedoch einen anderen Gegensatz zur Sprache: den zwischen christlicher, moderner und muslimischer, traditioneller Welt. Diese Gegenüberstellung widerspricht jedoch den versöhnlichen Zügen des Films, der – trotz aller grausamen nationalen und religiösen Kriege und ethnischen Säuberungen – unzweifelhaften Modernität bestimmter Aspekte der islamischen Welt und zunehmenden globalen Vermischung verschiedener Kulturen. Das Tauziehen zwischen dem Ich und dem Anderen, zwischen Modernem und Vormodernem, dem Westen und dem Rest der Welt, zwischen Männlichem und Weiblichem, Wüste und Festung, Exil und Heimat läßt Shirin Neshat schlichte und von Gegensätzen bestimmte, doch gleichzeitig immer komplexere, parallele filmische Texte hervorbringen. Das hat seinen Grund nicht nur darin, daß sich die Autorin in ihre Arbeiten einbindet (wie in *Soliloquy*), sondern liegt auch daran, daß sie autobiographisch sind und die Ambivalenz der Filmemacherin im Hinblick auf ihr Exil und ihre Bifokalität verschlüsseln, die sich nicht in eine einheitliche Kohärenz auflösen. Shirin Neshat: „Es gibt immer die Angst des Entwurzeltseins, der kulturellen Spaltung. Für mich laufen diese Welten parallel zueinander und schneiden einander nie." (Obejas 1999: S. 7)

Übersetzung: Wolfgang Astelbauer

Anmerkungen

GEORGE MARCUS: The Modernist Sensibility in Recent Ethnographic Writing and the Cinematic Metaphor of Montage, in: Lucien Taylor (Hg.), *Visualizing Theory: Selected Essays from V. A. R., 1990–1994*, New York: Routledge 1994, S. 37–53.

HAMID NAFICY: Between Rocks and Hard Places: The Interstitial Mode of Production in Exilic Cinema, in: Hamid Naficy (Hg.), *Home, Exile, Homeland: Film, Media, and the Politics of Place*, London/New York: Routledge 1999a, S. 125–147.

HAMID NAFICY: Veiled Visions/Powerful Presences: Women in Postrevolutionary Iranian Cinema, in: Rose Issa, Sheila Whitaker (Hg.), *Life and Art: The New Iranian Cinema*, London: National Film Theatre 1999b, S. 43–65.

ACHY OBEJAS: Daughter of Iran, in: *Chicago Tribune* (11. Mai 1999), S. 1.

WALTER J. ONG: *Orality and Literacy: The Technologizing of the Word*, London: Routledge 1982.

camera travels out of each room and around the buildings to show the women looking out of the windows. Now, the two images of Neshat face the camera and one another like doppelgängers, split by exilic trauma and by the incompatibility of their two, Western and Eastern, worlds.

This incompatibility becomes more evident when the women leave their rooms to explore their respective cities. One city is modern and urban, filled with impersonal concrete buildings and subway stations and humming with rushing crowds, while the other is traditional and rustic characterized by picturesque alleyways, mosques and courtyards and peopled with children joyously playing in the water. Eventually, the Western Neshat double ends up in a church where a chorale is being sung, while the other enters a mosque where women have gathered to pray. The mixing of chorale and prayer beautifully fuses the two hitherto incompatible worlds.

If visuals highlight the differences between these worlds of exile and home or the concept of refusal, the mixed voices emphasize their reconciliation or the notion of refusion. The film thus suggests that the exilic split is healable through the agency of human voice. This is in line with Walter Ong's notion that posits different properties for vision and voice. Vision is analytical, isolating, and distances the seer from the seen, while sound is engulfing, and unifies its creator with its recipient (Ong 1982: pp. 71–4). Images may exist separately from their producing agency, but no sound lives without the force that generates it, the human breath (Ong 1982: p. 32). This accounts for the unique relationship of sound to interiority and identity, and for the close association of voice and speech with potency and magical power. *Soliloquy* forcefully inscribes these distancing and engulfing properties of vision and voice in glorious colour cinematography (by Ghasem Ebrahimian) and in memorable sound works (by Sussan Deyhim).

Although Neshat empties her two screens of male-female dichotomy in *Soliloquy*, she inscribes another dichotomy: that of Christian and modern versus Muslim and traditional. This formulation, however, is counter to the film's own reconciliatory suggestions, to the undeniable modernity of segments of the Islamic world and to the increasing fusion of different cultures across the globe, despite the savage national, religious and ethnic wars. The tug of war between self and other, modern and pre-modern, the West and the rest, female and male, desert and fortress, exile and home leads Neshat to create apparently straightforward and polar, but increasingly complex parallel filmic texts. This is because they are both self-inscriptional (Neshat appears in *Soliloquy*) and autobiographical, encoding Neshat's exilic ambivalence and bifocality, which refuse to resolve themselves into unitary coherence. As she says: 'There is always the anxiety of dislocation, of cultural dichotomy. For me these worlds run parallel and never intersect' (Obejas 1999: p. 7).

Notes

GEORGE MARCUS: 'The Modernist Sensibility in Recent Ethnographic Writing and the Cinematic Metaphor of Montage', in: Lucien Taylor (ed.), *Visualizing Theory: Selected Essays from V. A. R., 1990–1994*, New York: Routledge 1994, pp. 37–53.

HAMID NAFICY: 'Between Rocks and Hard Places: The Interstitial Mode of Production in Exilic Cinema', in: Hamid Naficy (ed.), *Home, Exile, Homeland: Film, Media, and the Politics of Place*, London/New York: Routledge 1999a, pp. 125–47.

HAMID NAFICY: 'Veiled Visions/Powerful Presences: Women in Postrevolutionary Iranian Cinema', in: Rose Issa, Sheila Whitaker (eds), *Life and Art: The New Iranian Cinema*, London: National Film Theatre 1999b, pp. 43–65.

ACHY OBEJAS: Daughter of Iran, in: *Chicago Tribune* (May 11, 1999), p. .

WALTER J. ONG: *Orality and Literacy: The Technologizing of the Word*, London: Routledge 1982.

Women of Allah

1993–1997

Auswahl / Selection

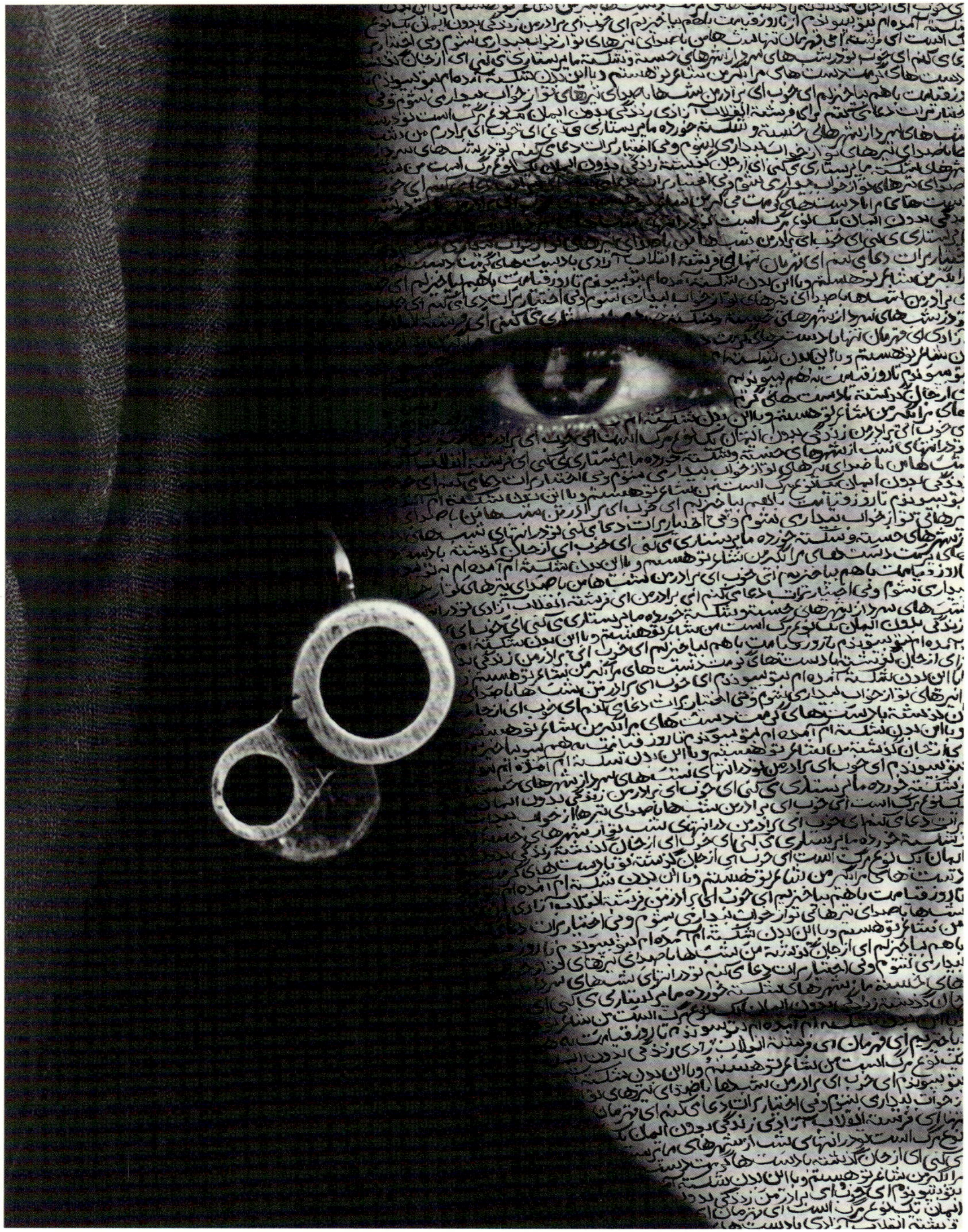

Speechless
1996
b/w RC print and ink
photo: Larry Barns

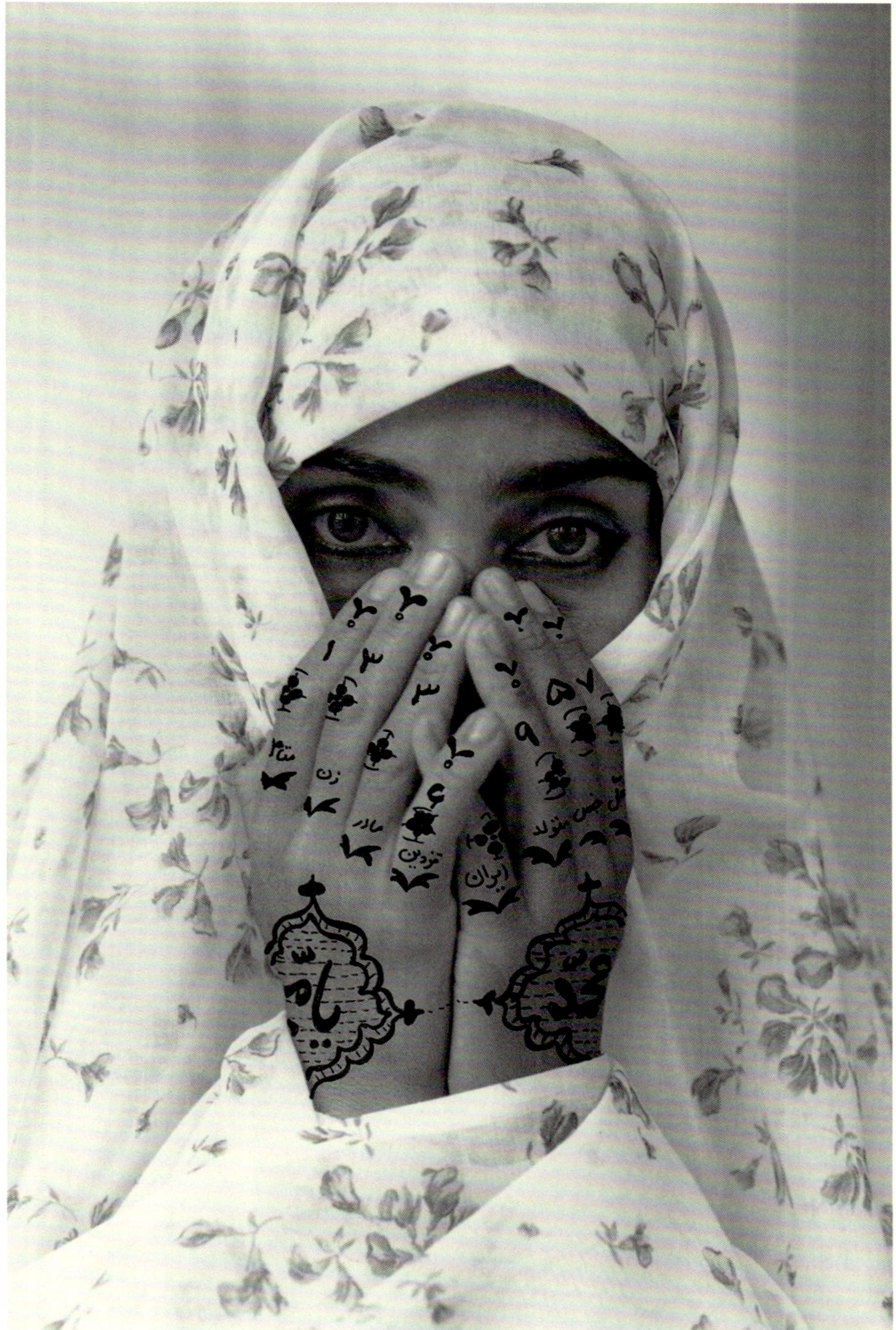

Identified

1995

b/w photograph with ink

photo: Cynthia Preston

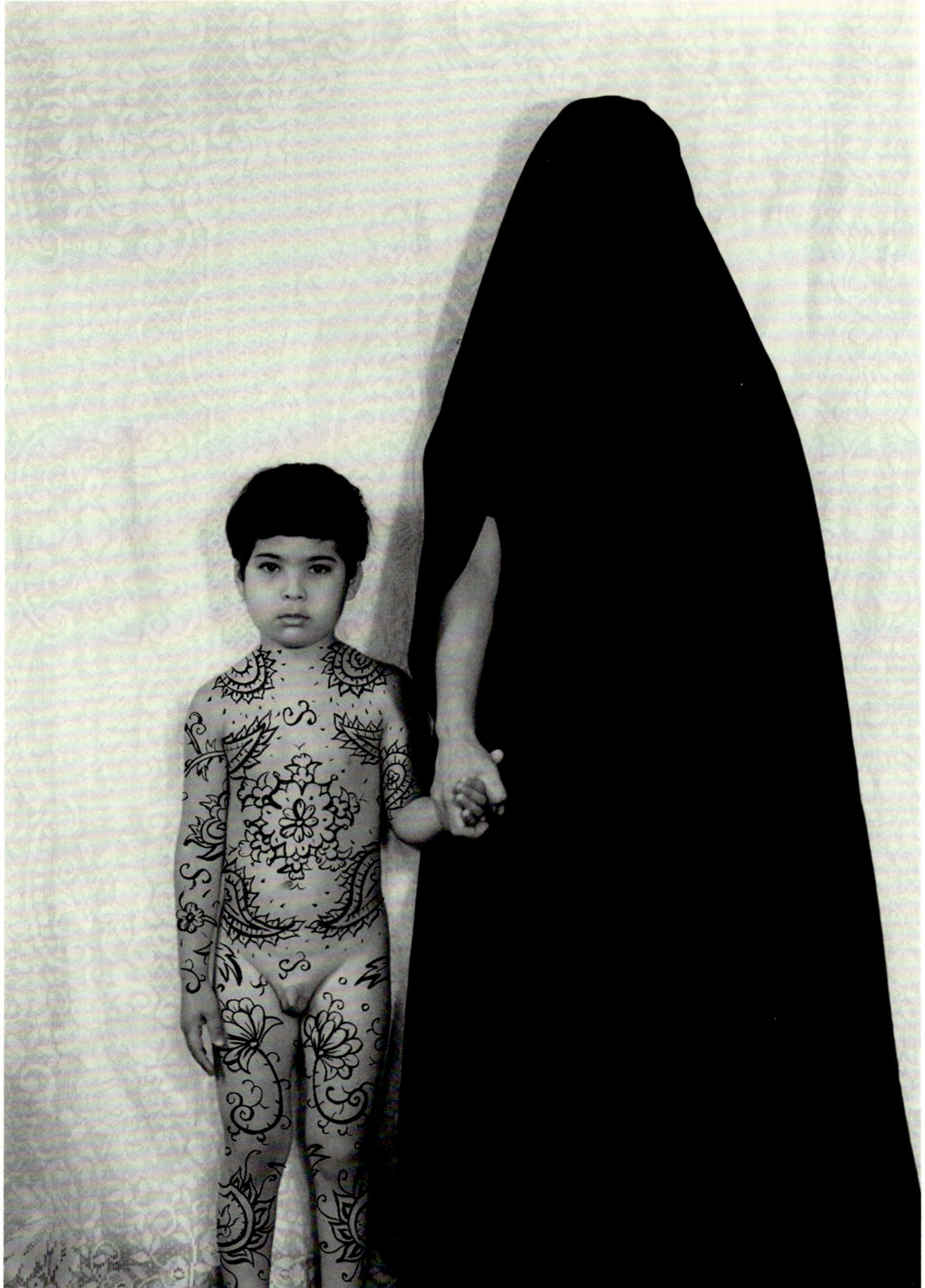

Untitled
1996
b/w gelatin silver print with ink
photo: Kyong Park

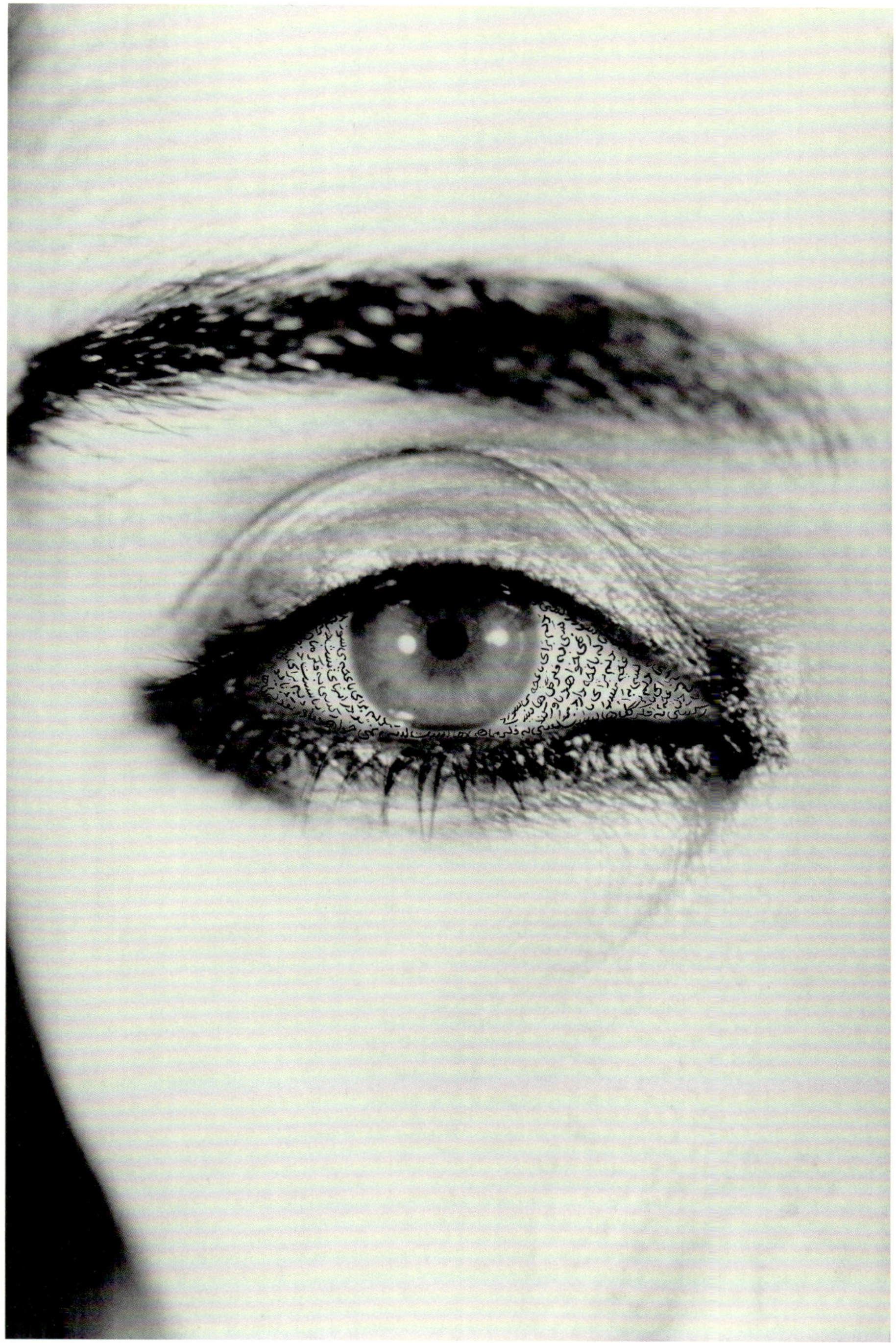

Offered Eyes
1993
b/w gelatin silver print with ink
photo: Plauto

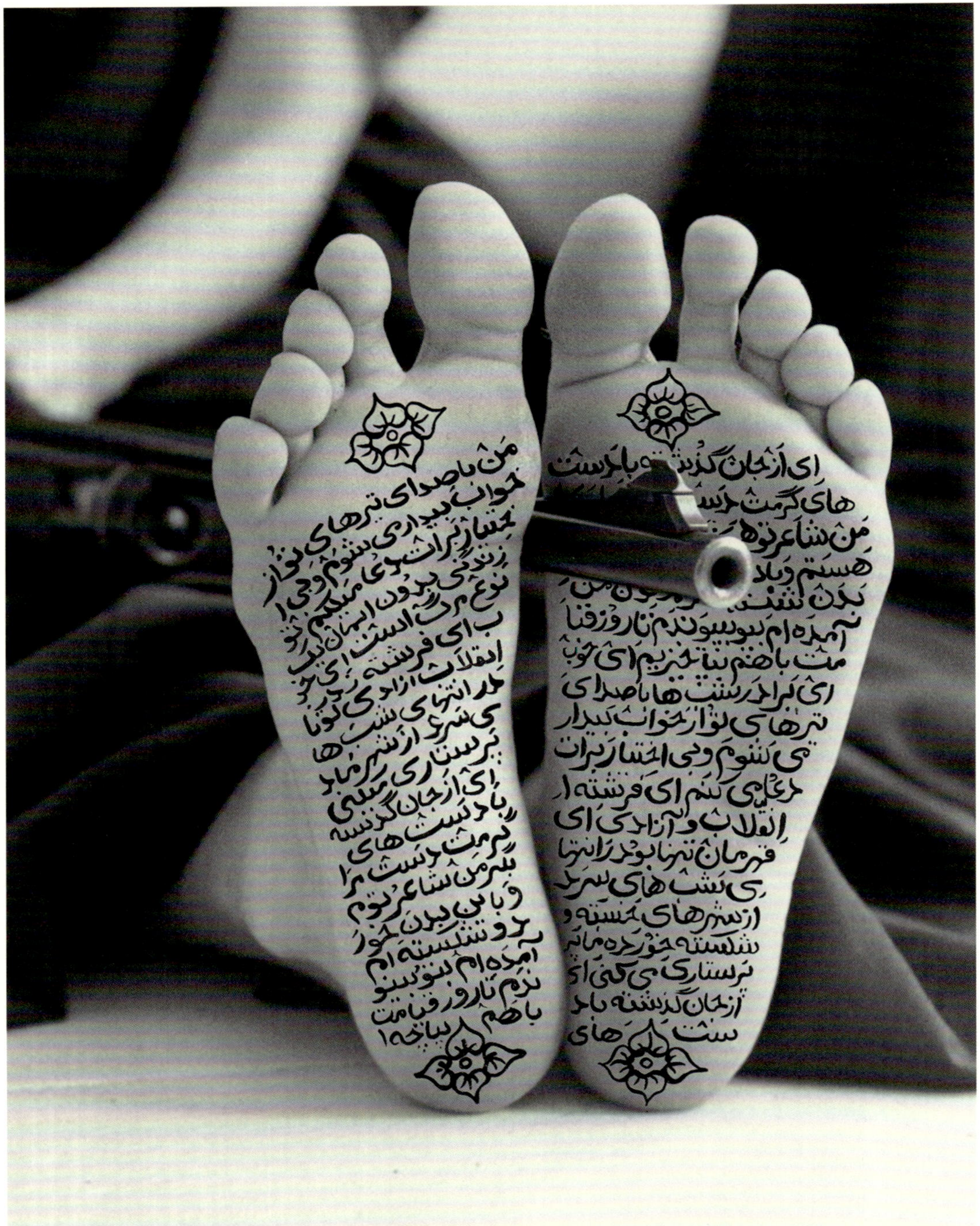

Allegiance with Wakefulness
1994
b/w gelatin silver print with ink
photo: Cynthia Preston

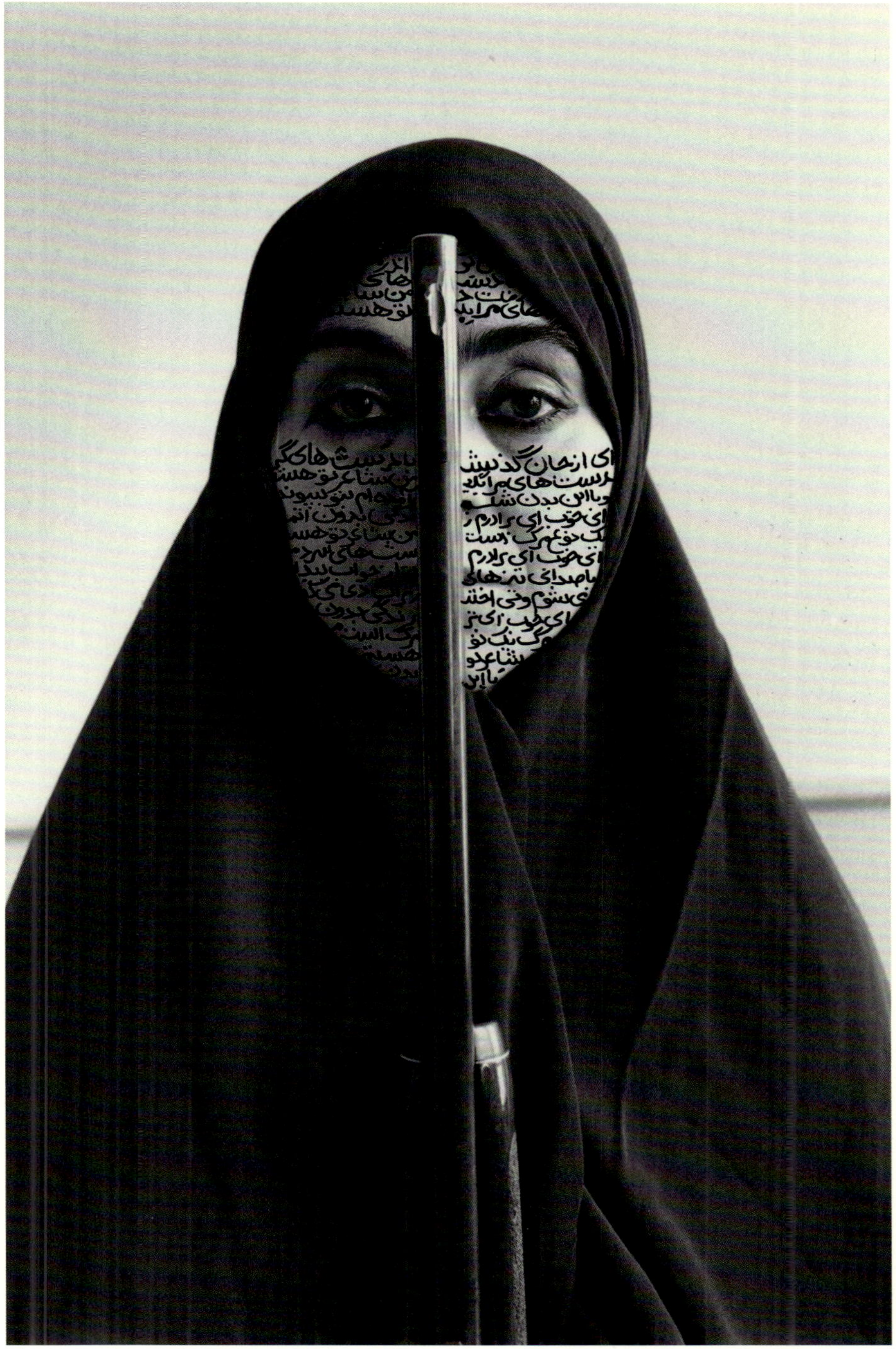

Rebellious Silence
1994
b/w gelatin silver print with ink
photo: Cynthia Preston

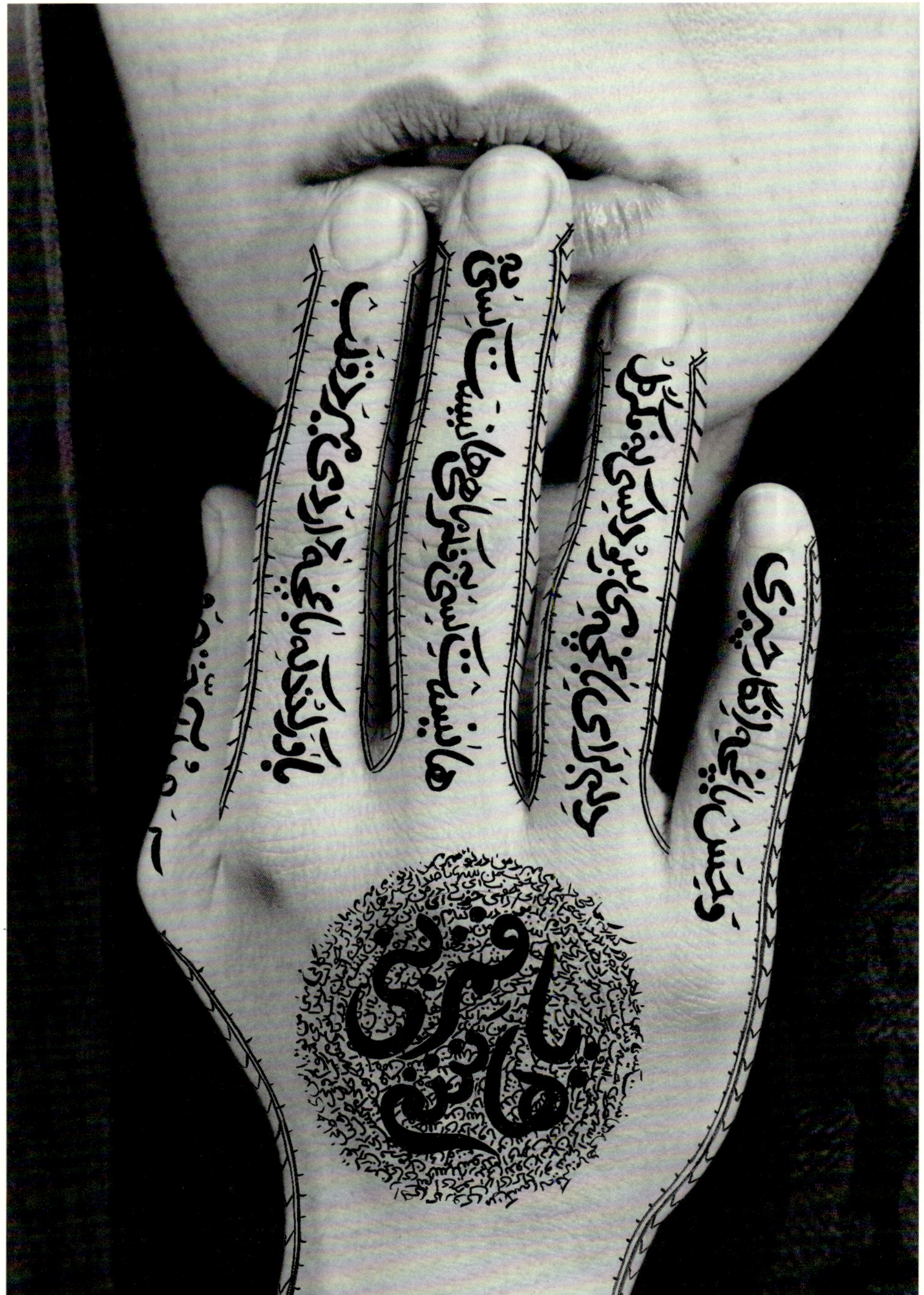

Untitled
1996
b/w RC print and ink
photo: Larry Barns

Turbulent

1998

Video / Sound Installation

black & white, 10 minutes

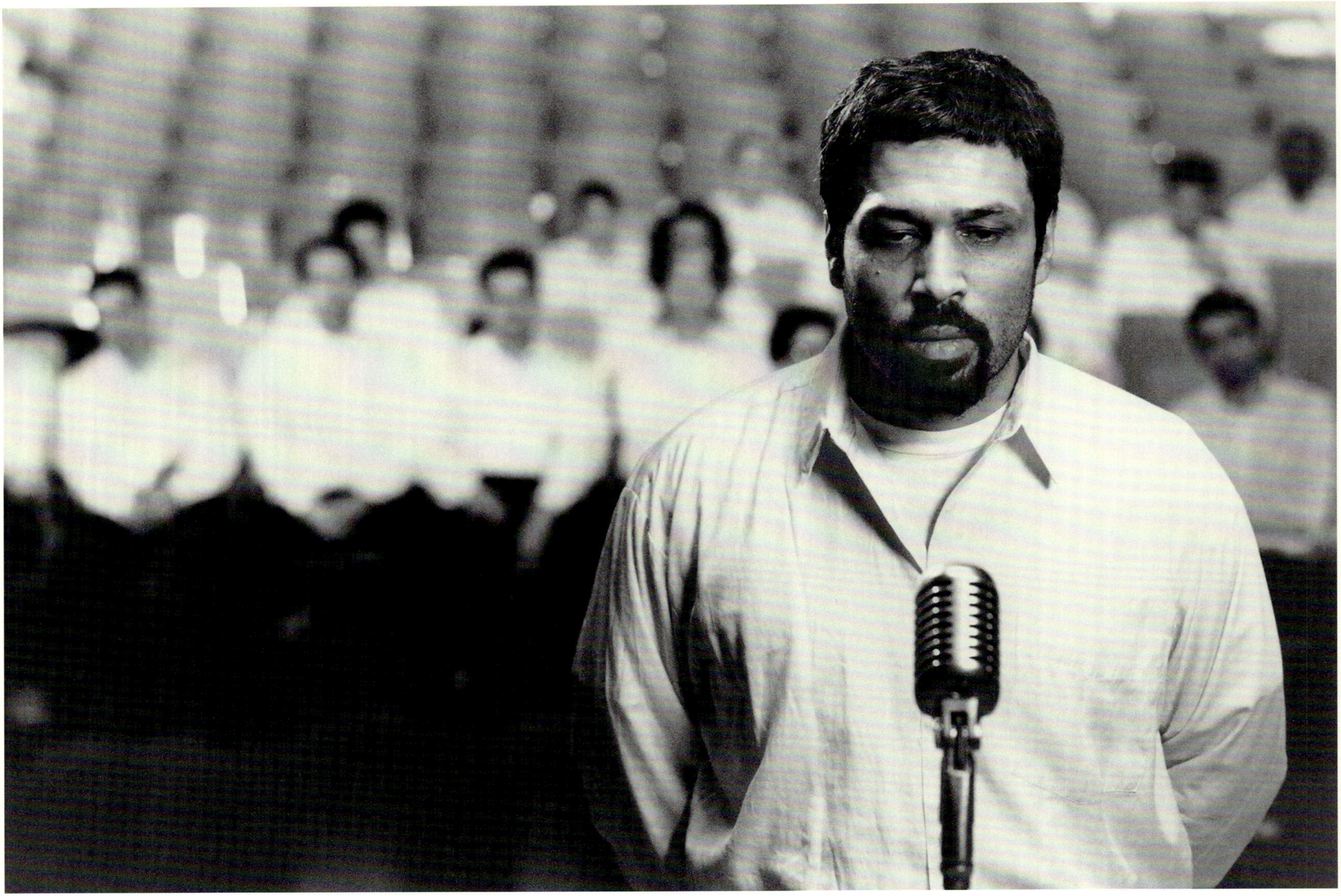

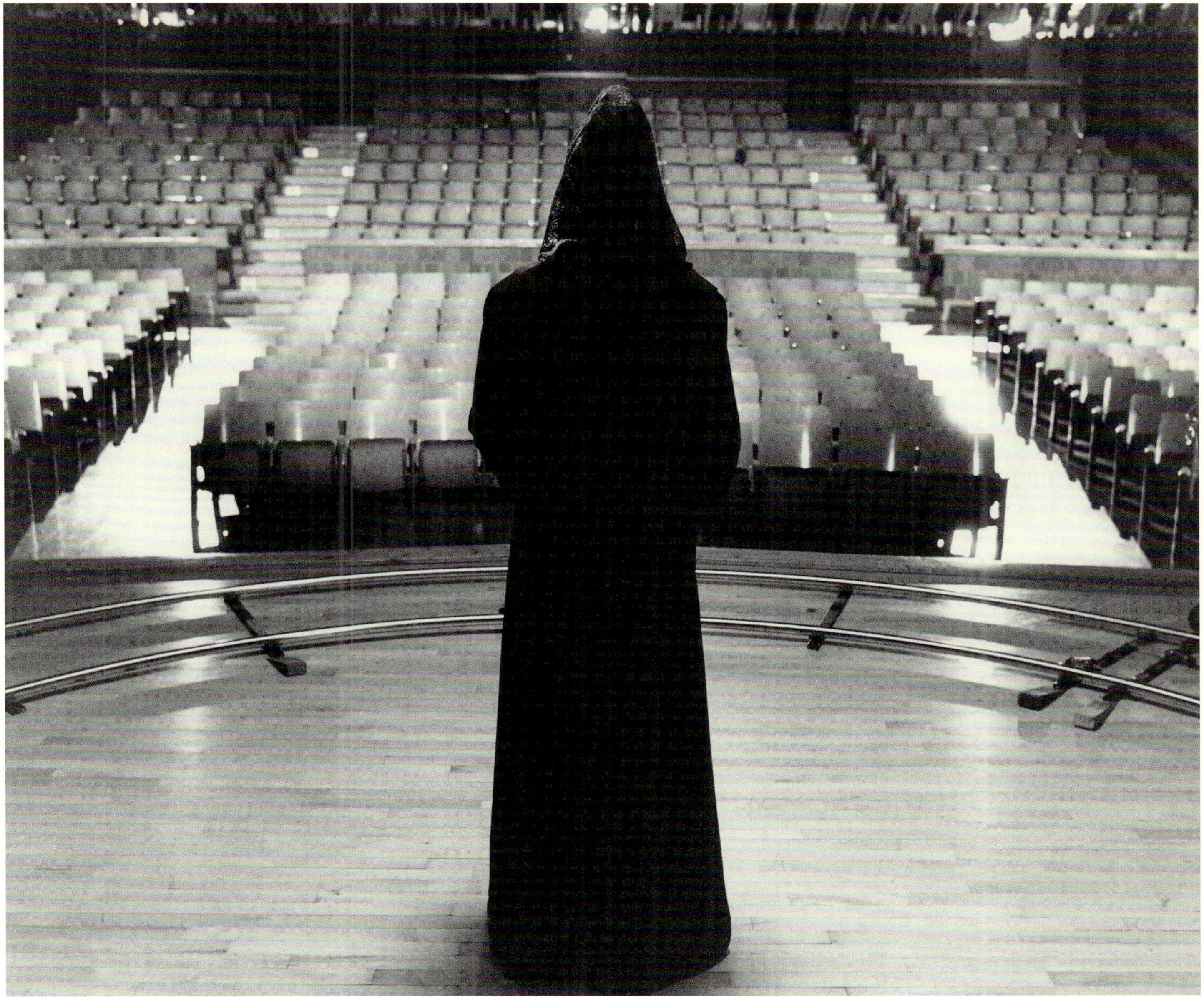

Rapture

1999

Video/Sound Installation

black & white, 13 minutes

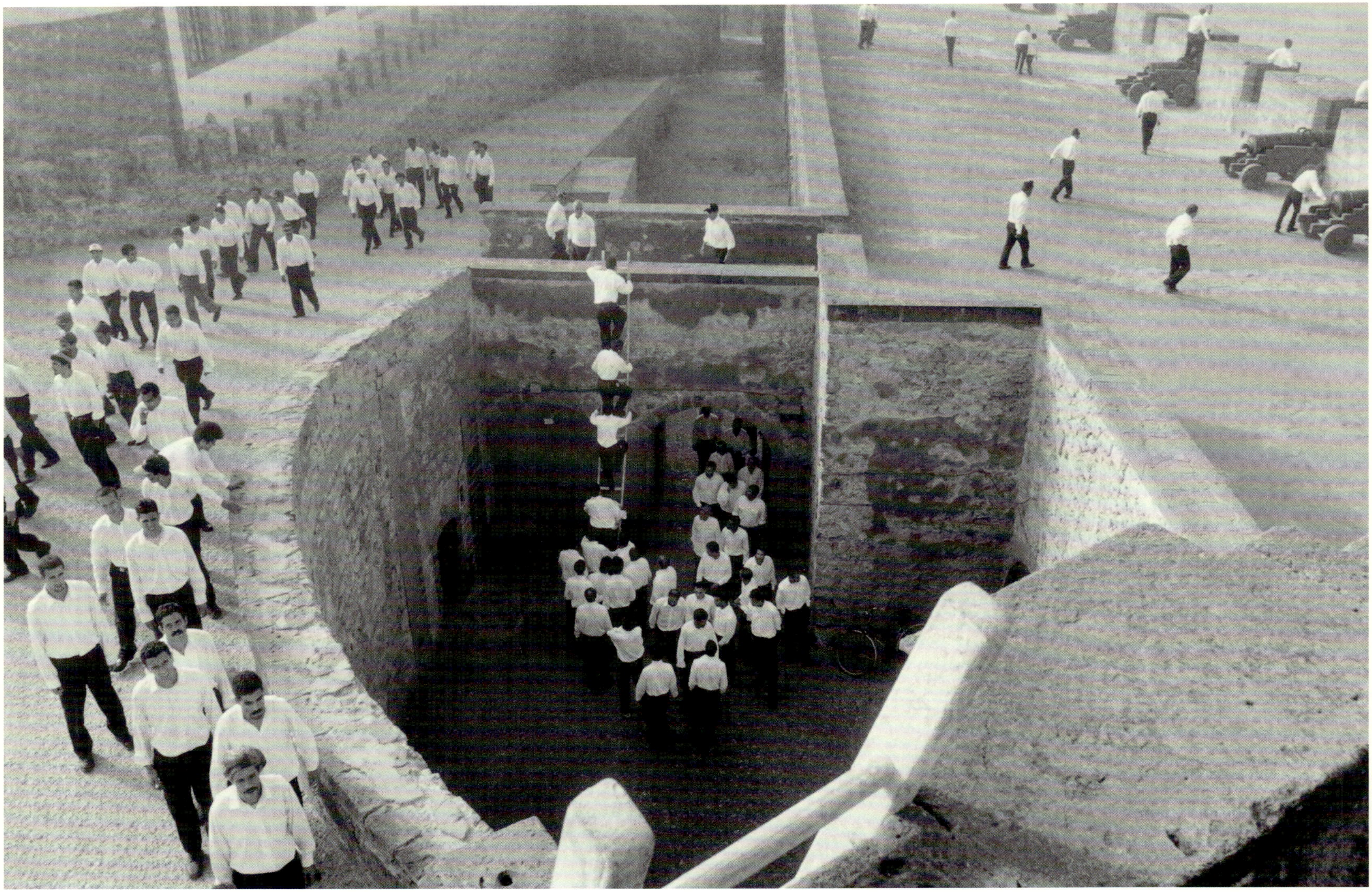

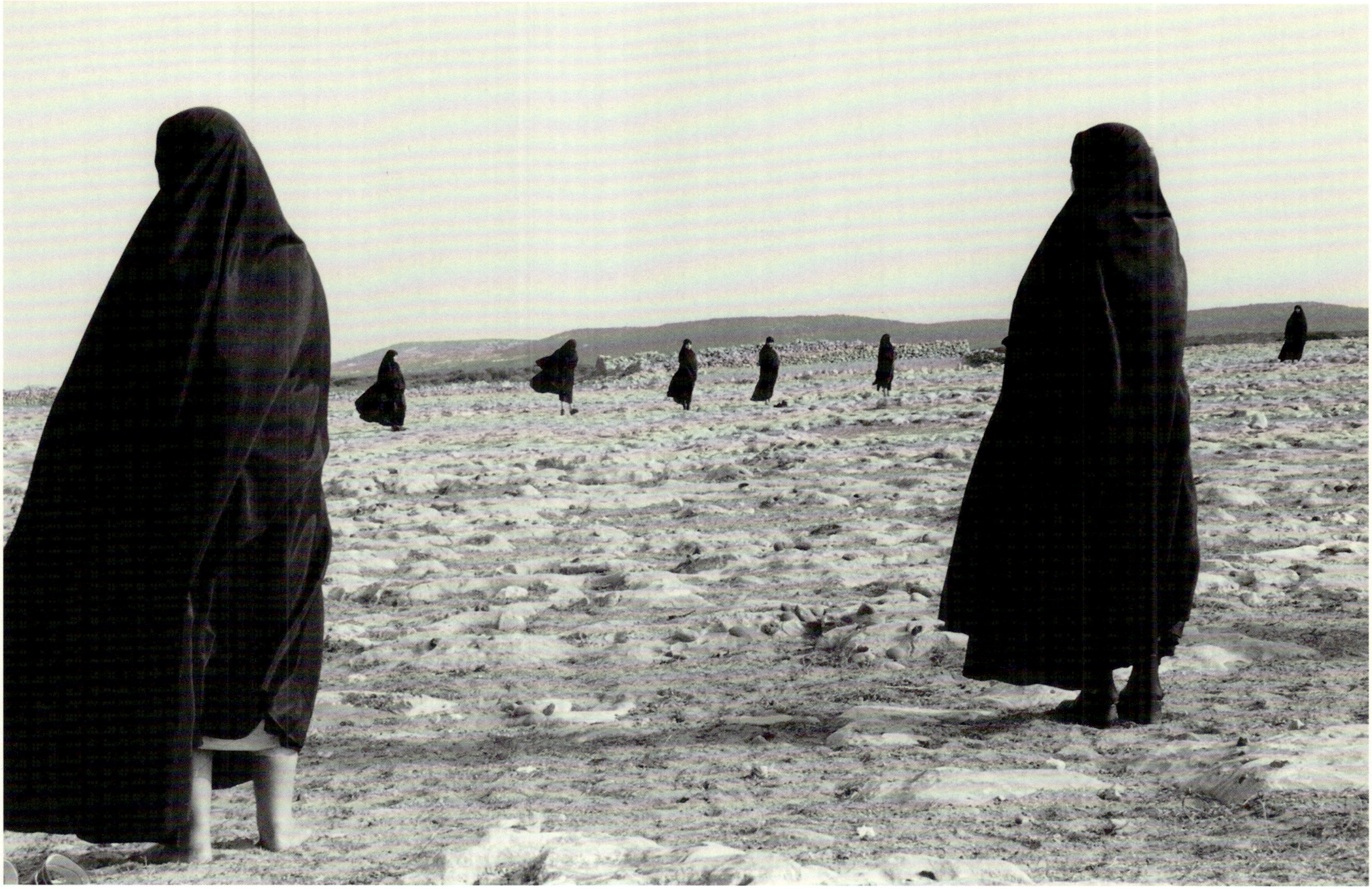

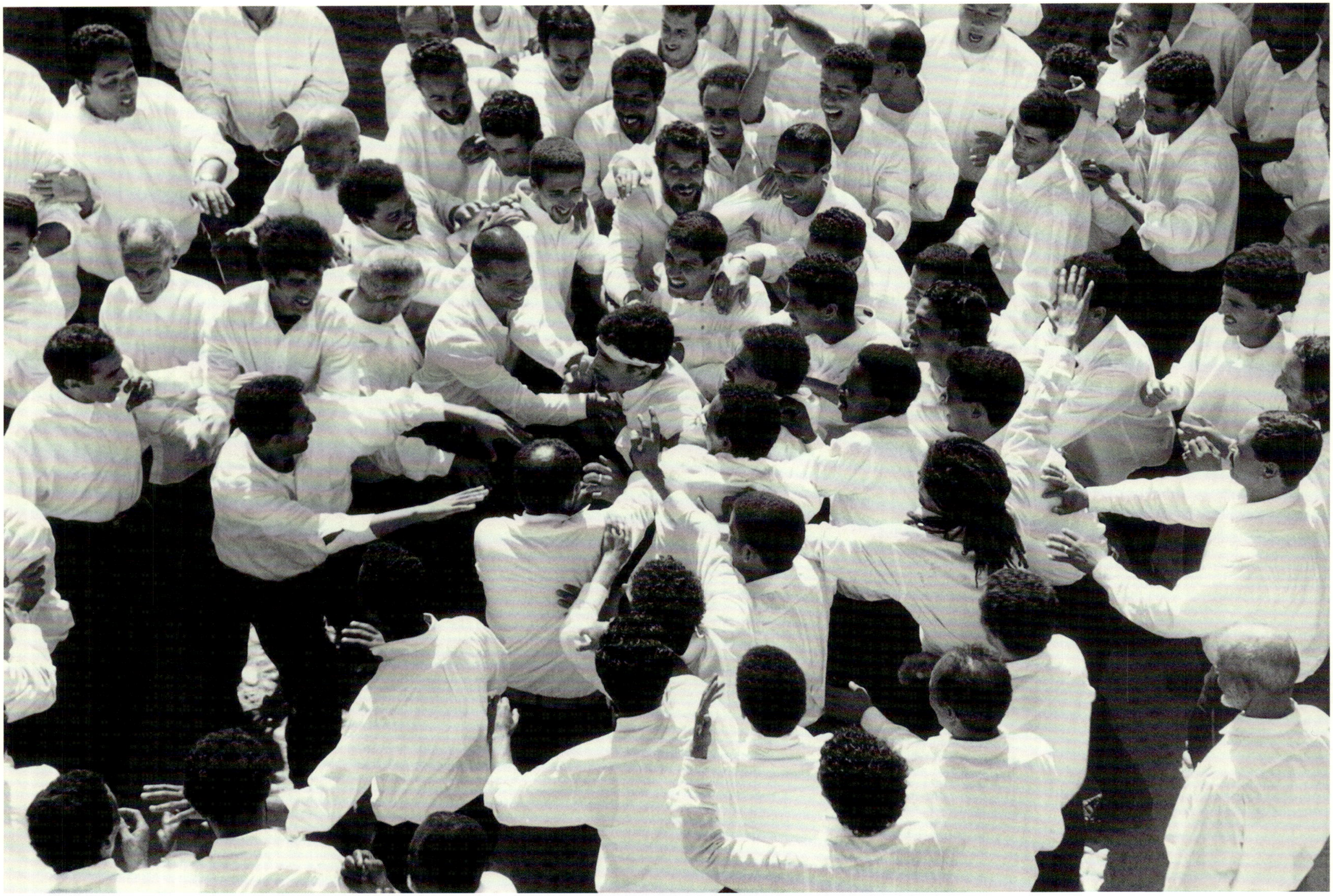

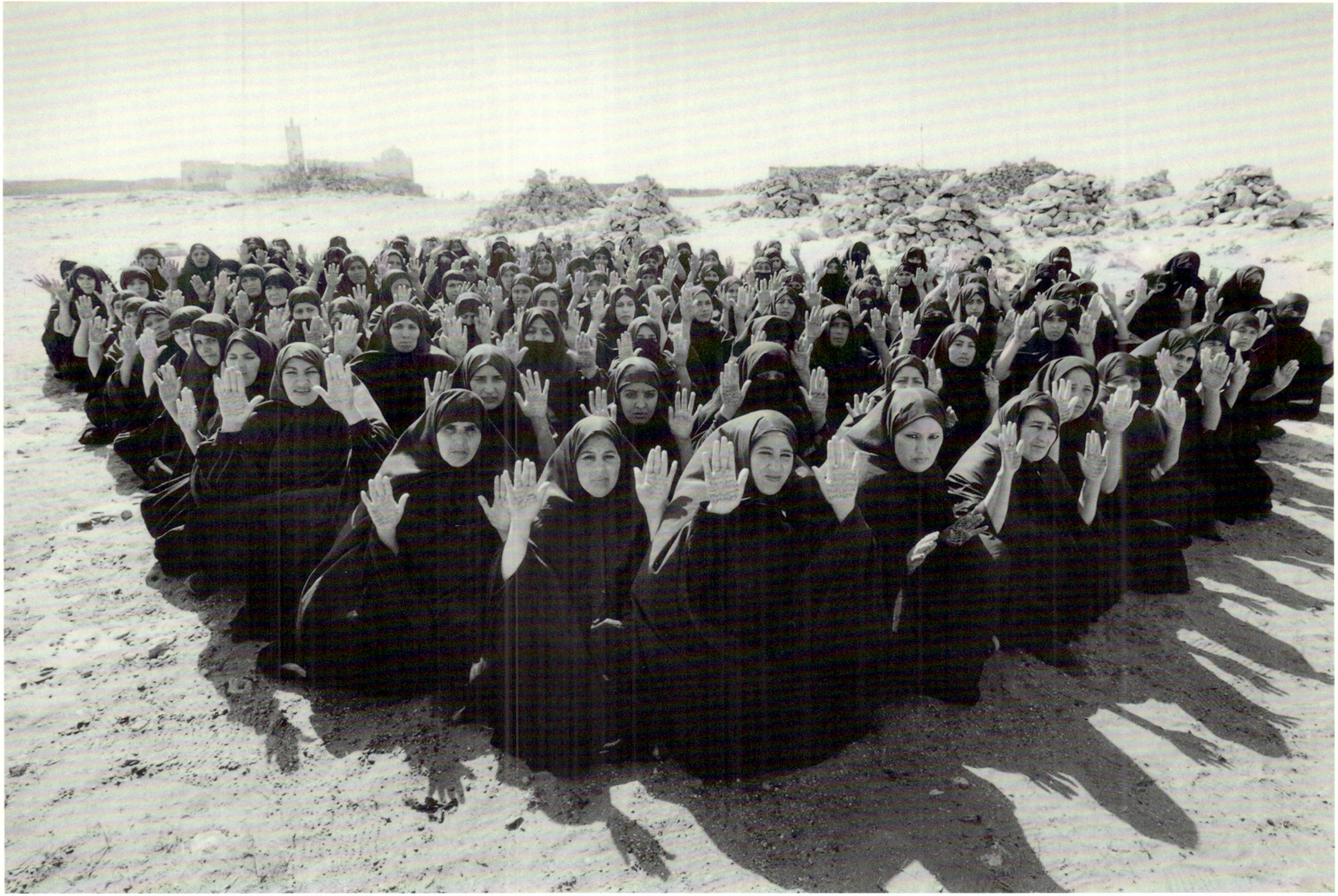

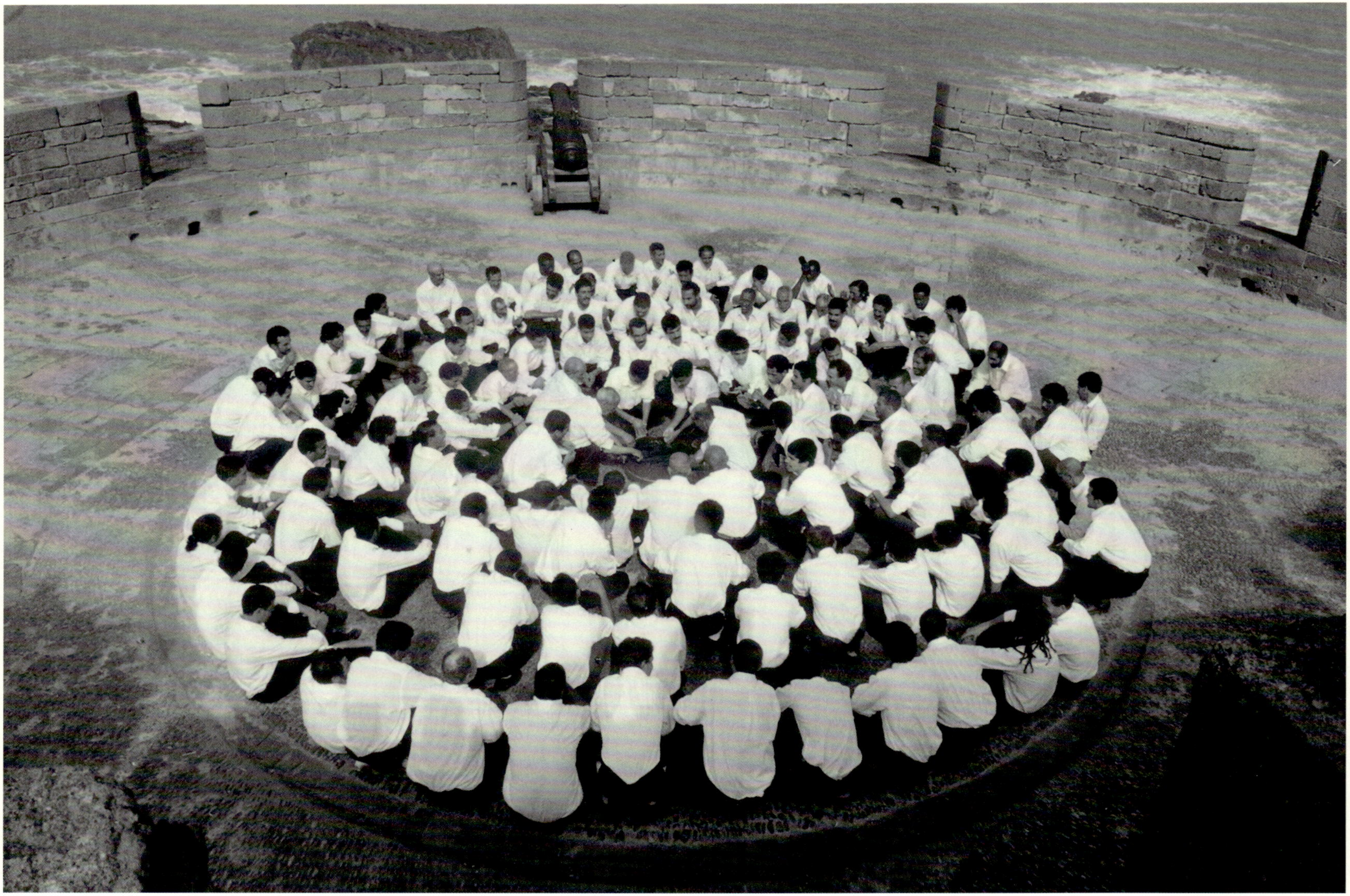

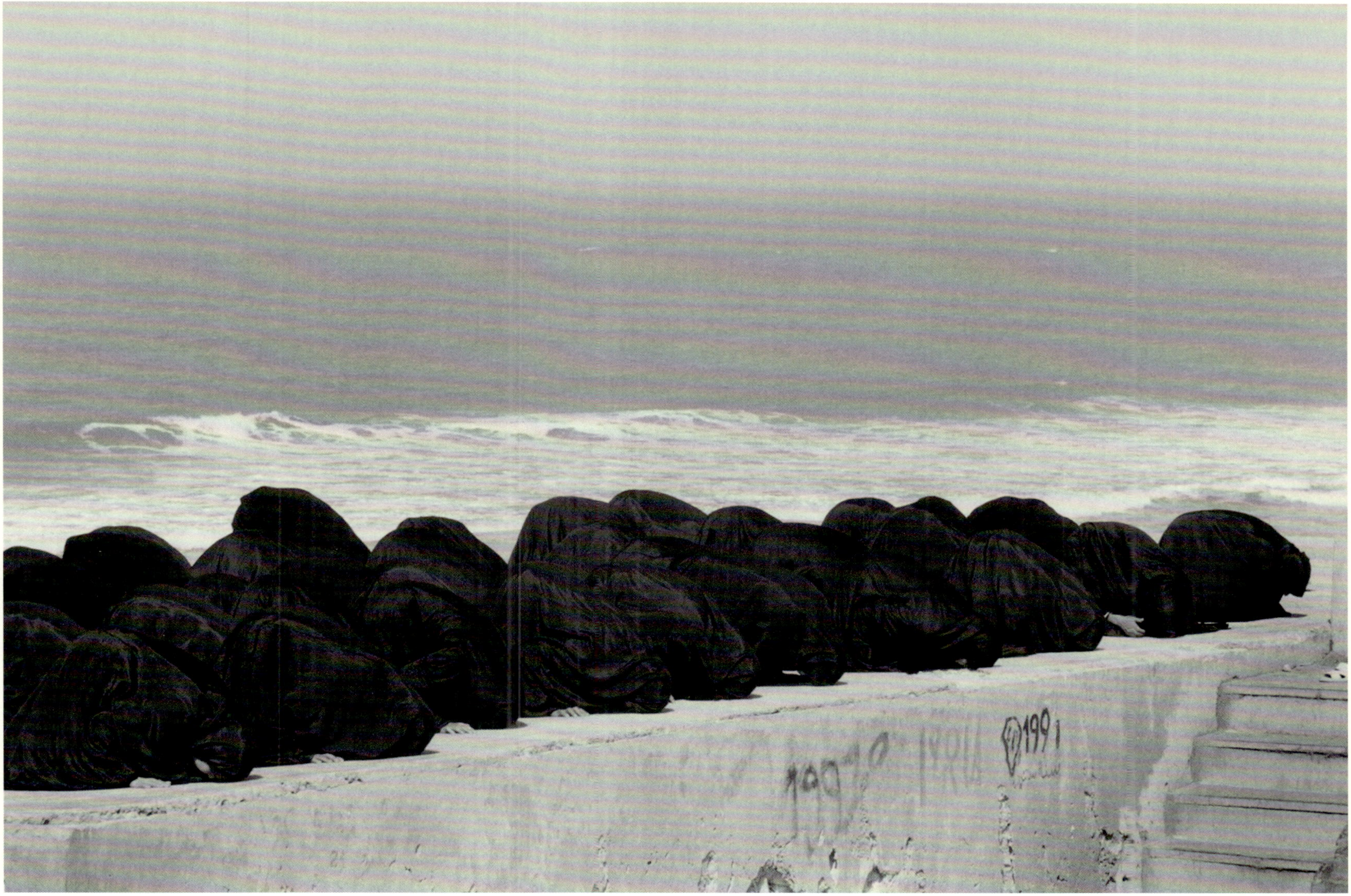

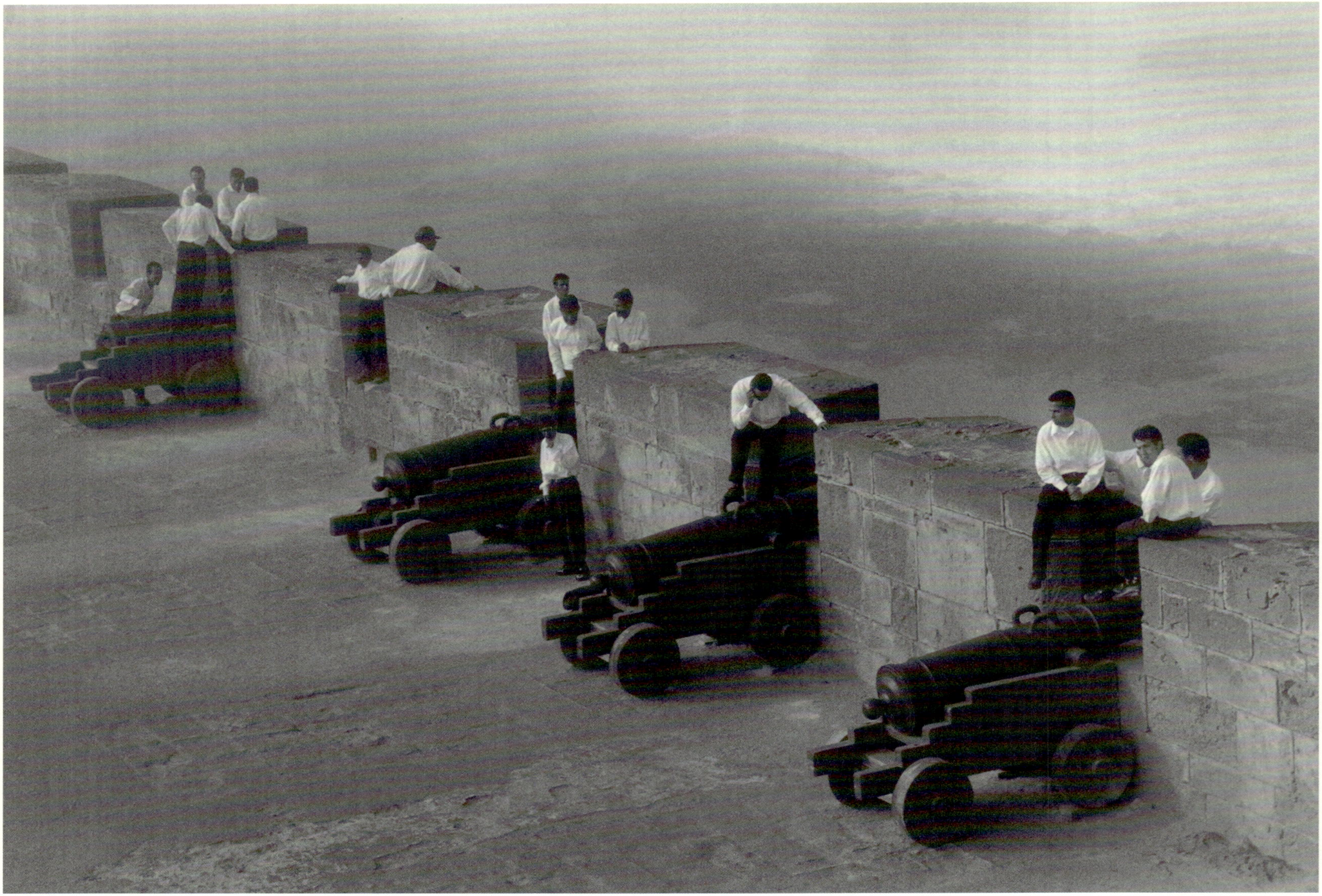

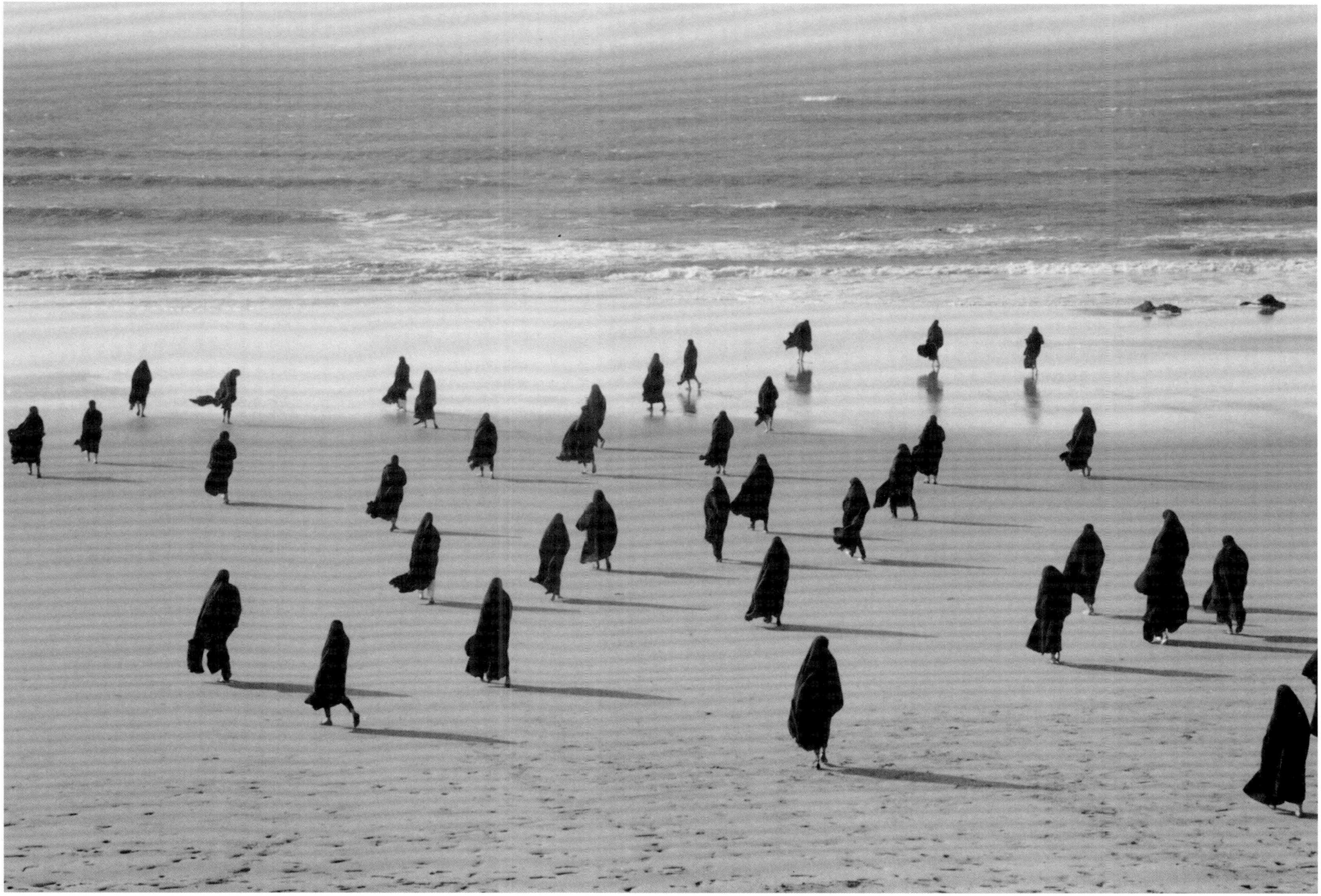

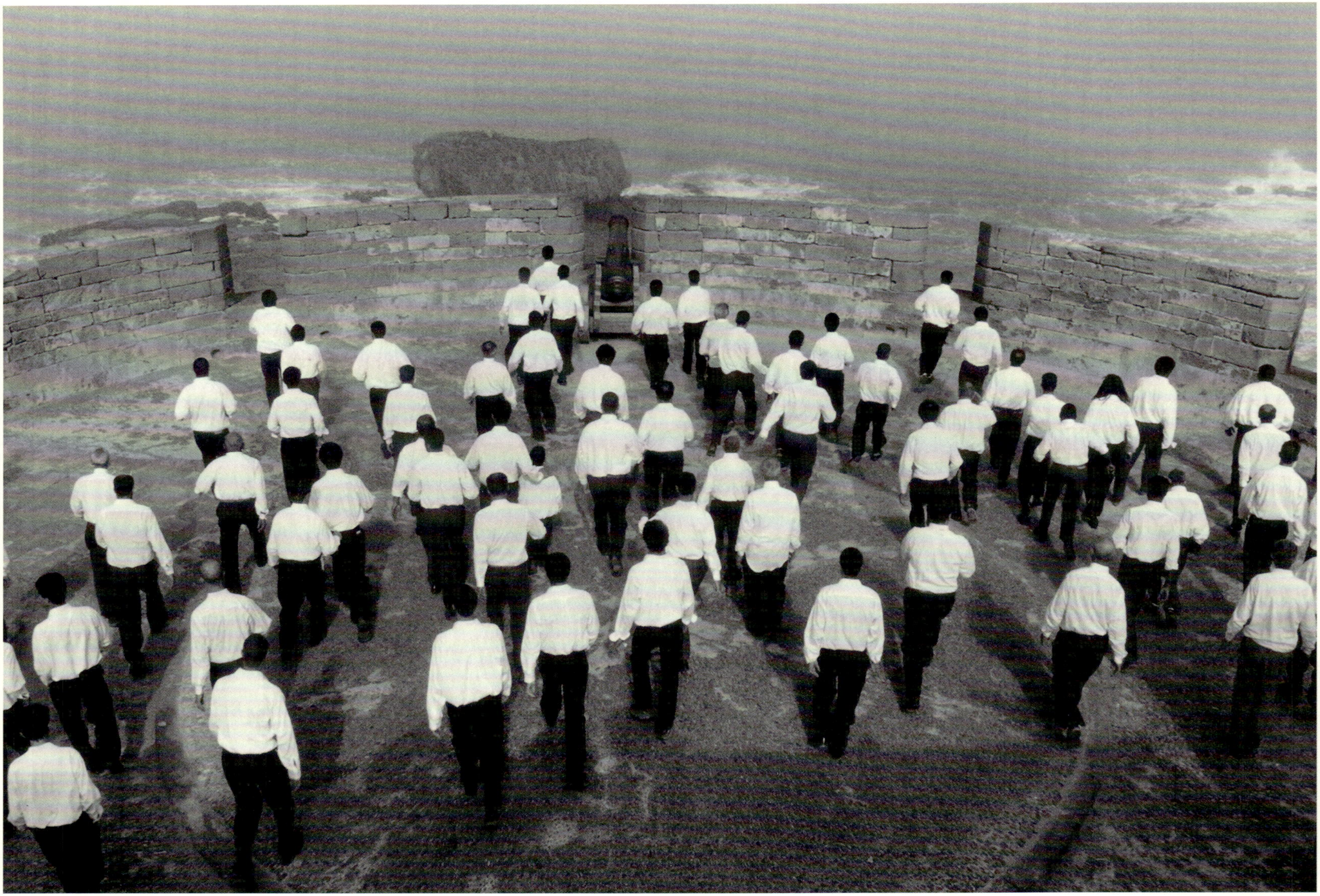

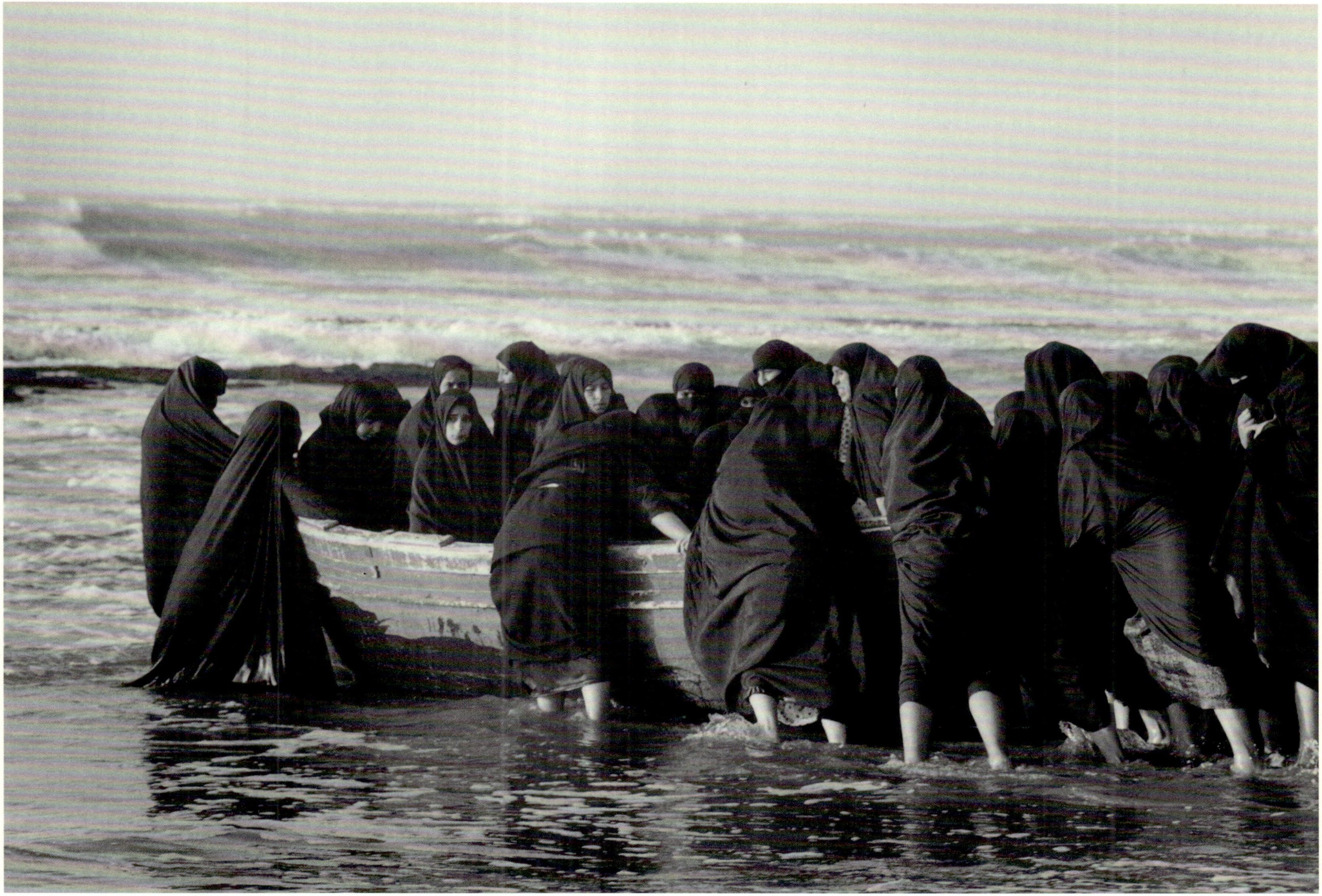

Fervor

2000

Video/Sound Installation

black & white, 10 minutes

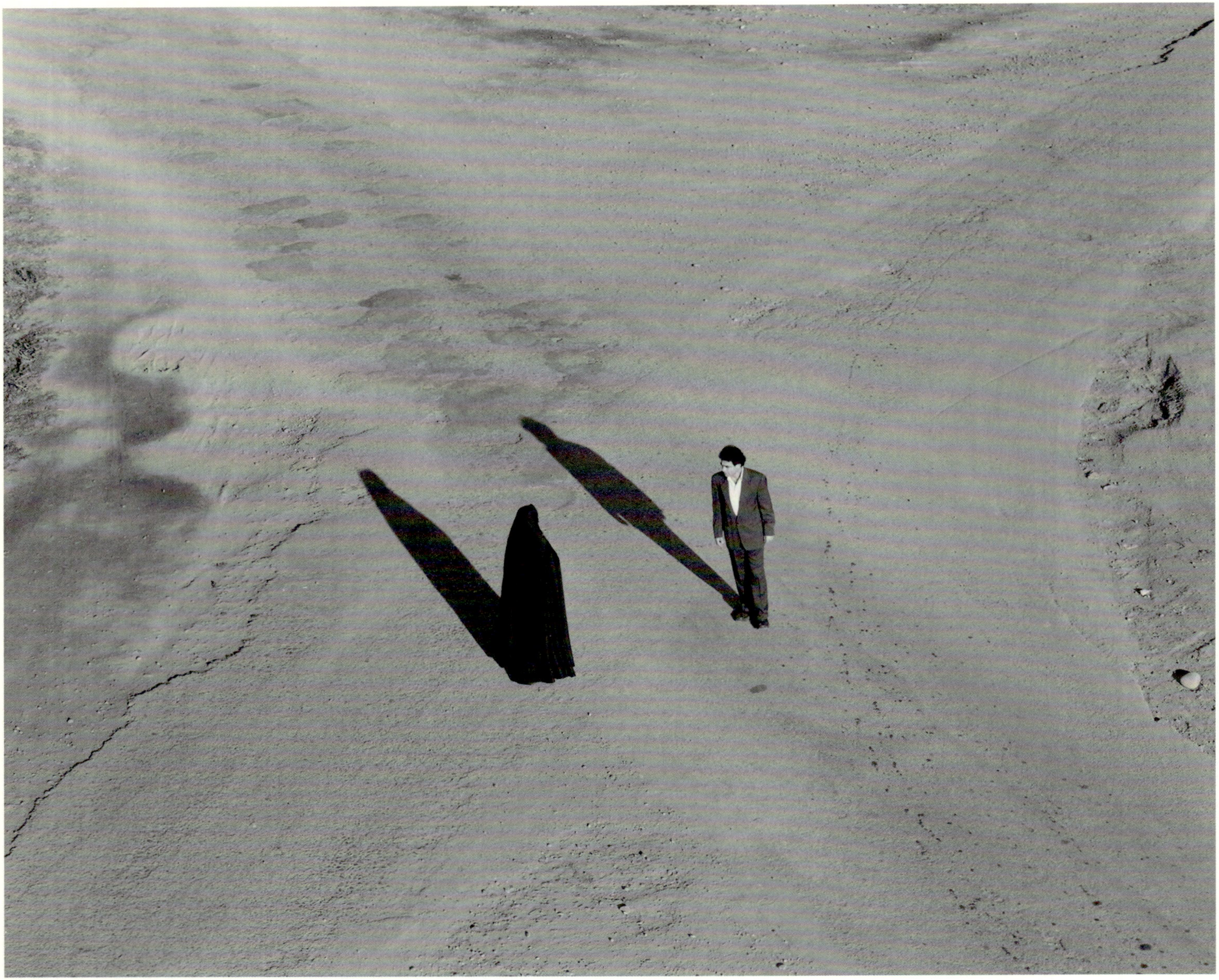

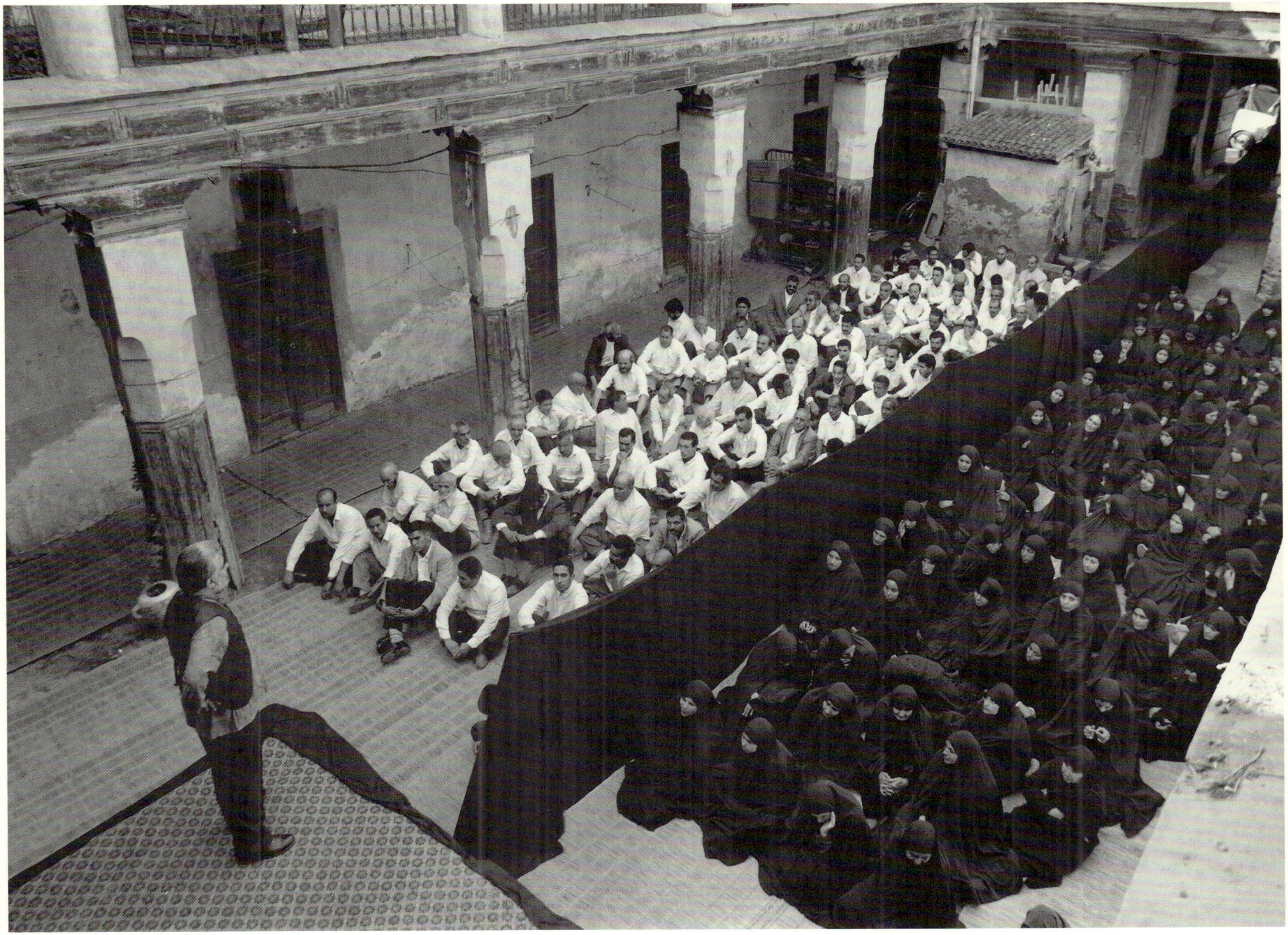

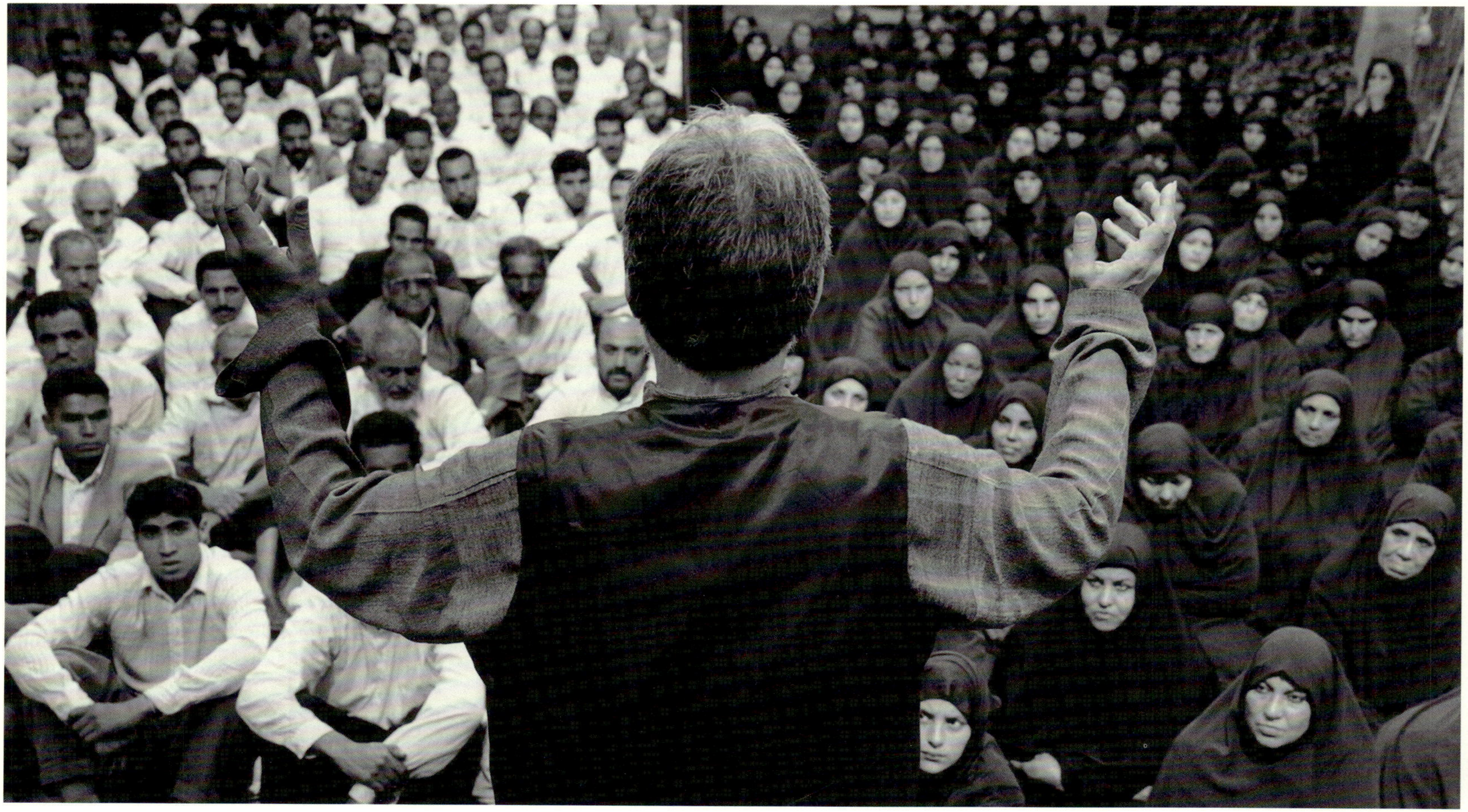

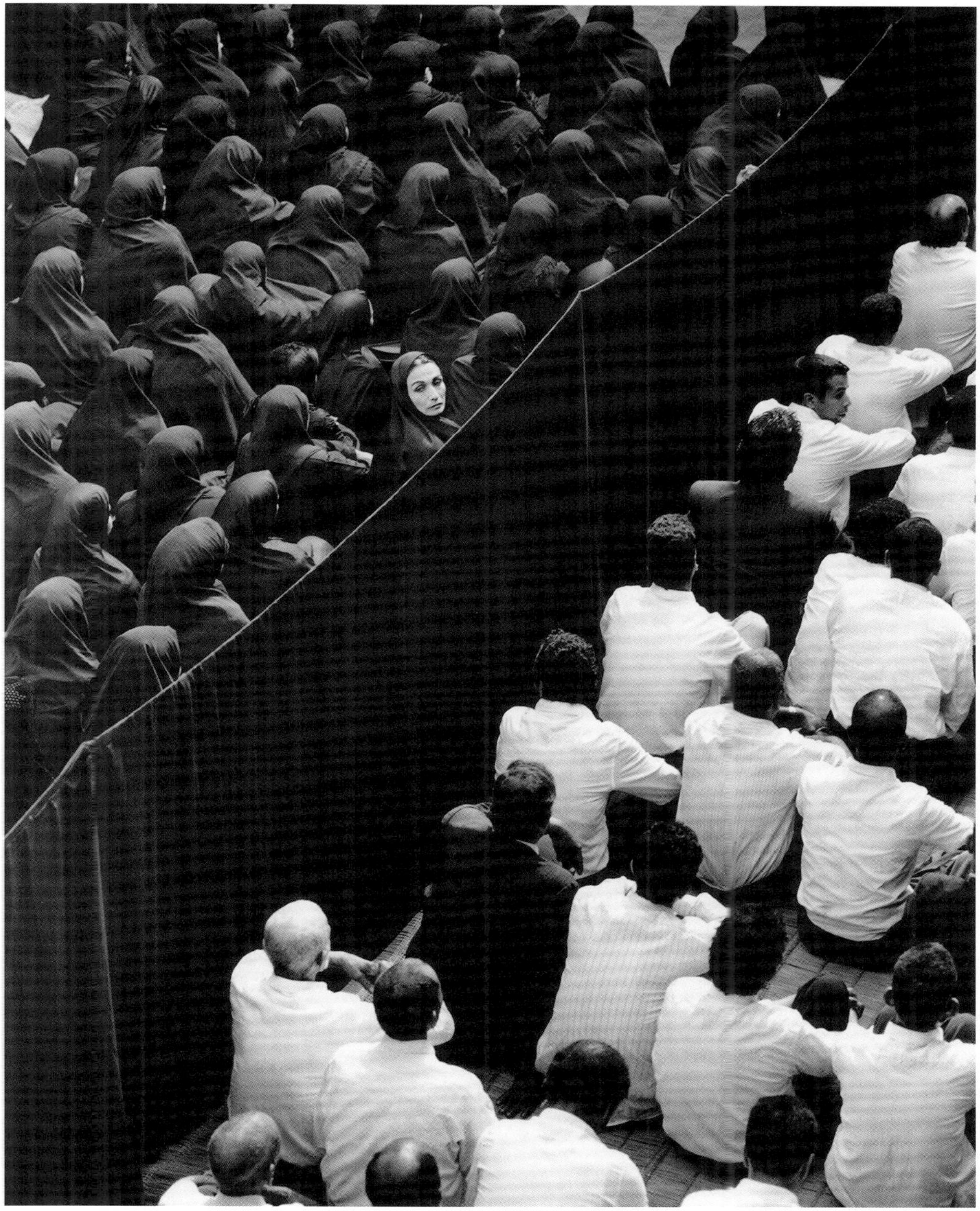

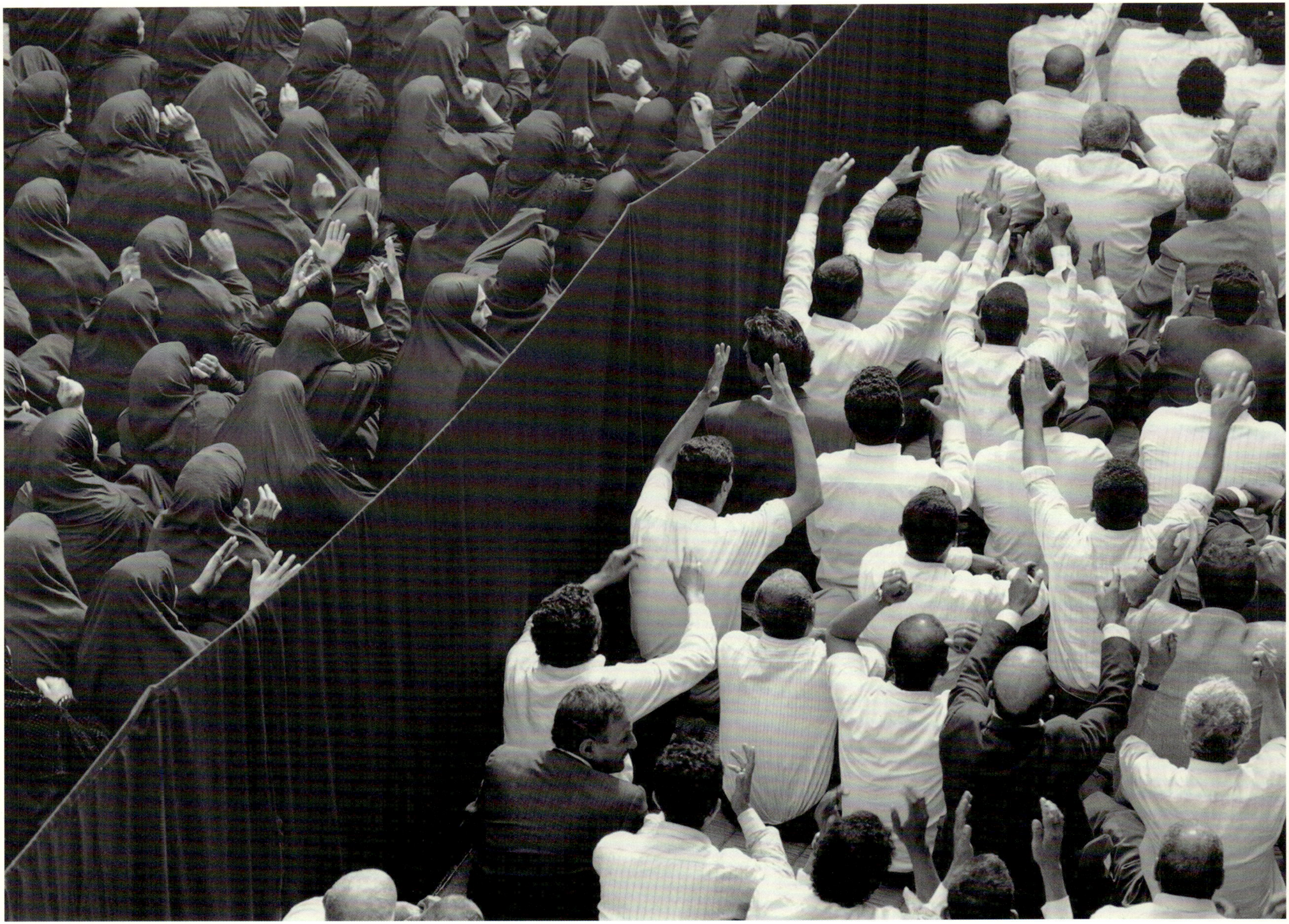

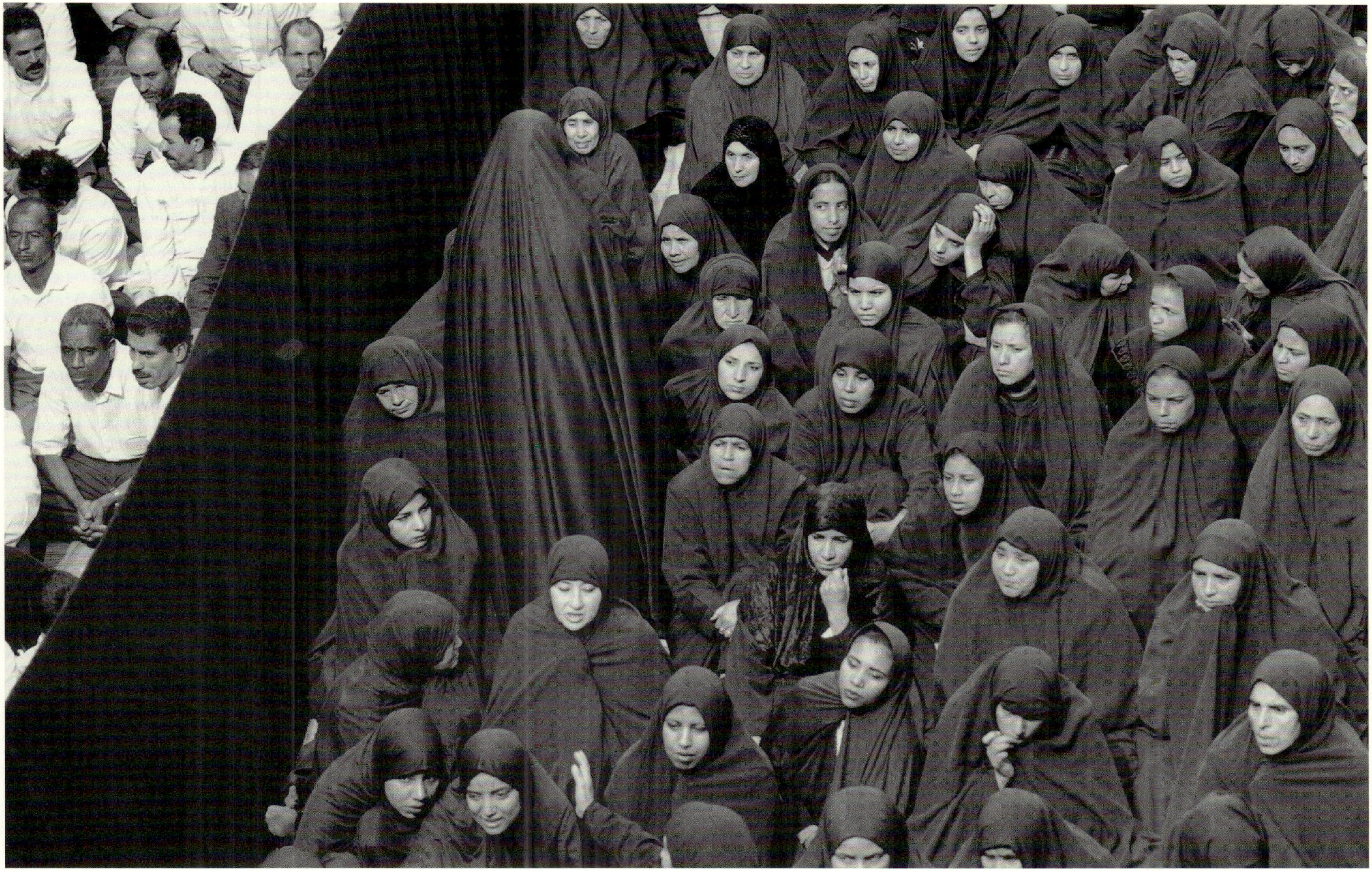

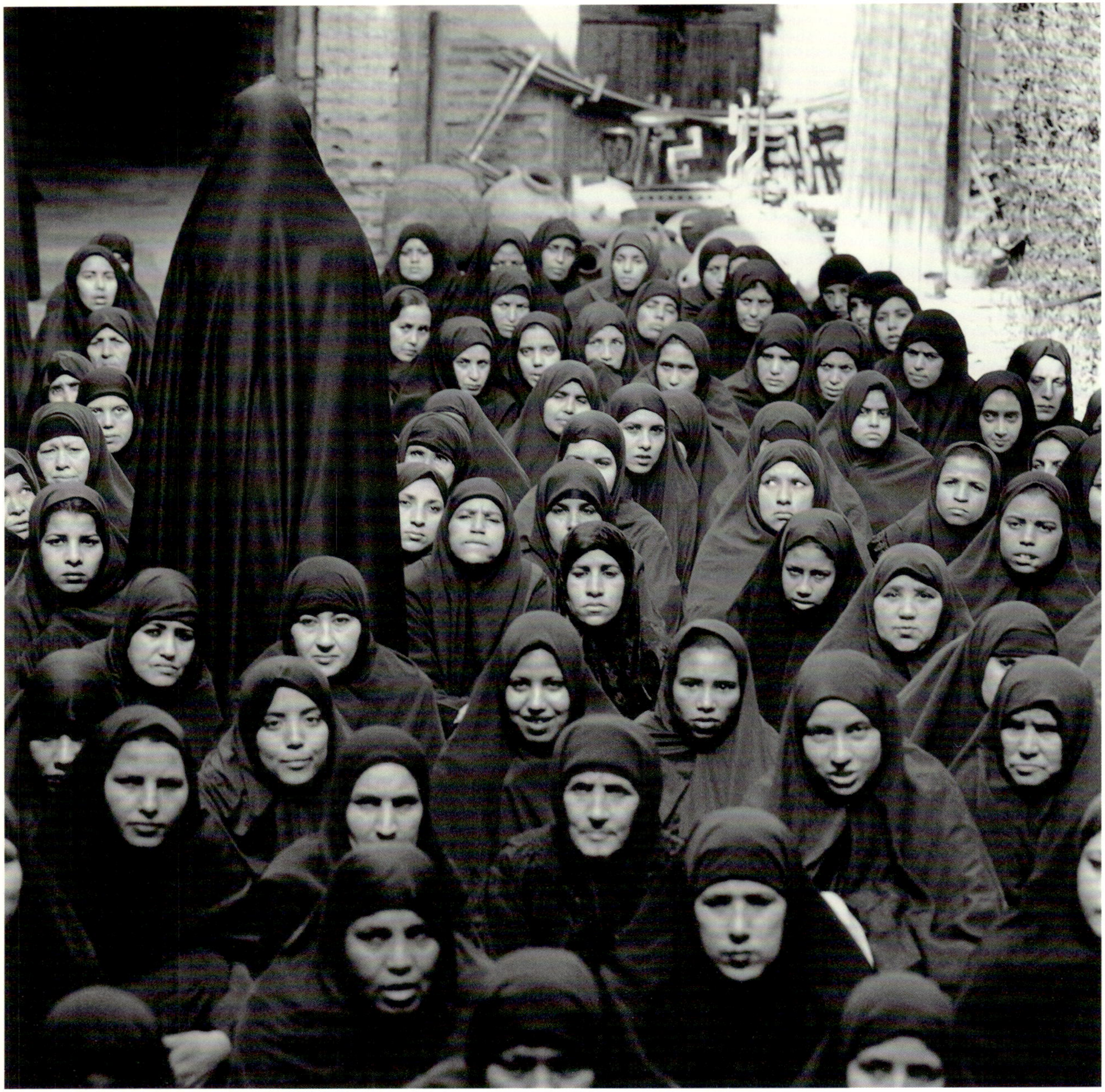

Appendix

Liste der ausgestellten Werke

List of Works in the Exhibition

Selection of *Women of Allah* Series (1993–1997)

Speechless, 1996, RC print with ink, 118.7 x 86 cm

Untitled, 1996, gelatin silver print with ink, 152.4 x 101.6 cm

Identified, 1995, gelatin silver print with ink, 152.4 x 101.6 cm

Untitled, 1996, RC print with ink, 121.6 x 85.7 cm

Offered Eyes, 1993, gelatin silver print with ink, 152.4 x 101.6 cm

Allegiance with Wakefulness, 1994, gelatin silver print with ink, 152.4 x 101.6 cm

Rapture Series (Women Pushing Boat), 1999, b/w, gelatin silver print, 111.8 x 173.4 cm

Rapture Series (Women Scattered), 1999, b/w, gelatin silver print, 108 x 171.5 cm

Rapture Series (Men Looking out to Sea), 1999, b/w, gelatin silver print, 110.5 x 170.2 cm

Rapture Series (Men with Cannons), 1999, b/w, gelatin silver print, 108 x 168.9 cm

Rapture Series (Scattered Women in Desert), 1999, b/w, gelatin silver print, 111.8 x 177.8 cm

Rapture Series (Women Praying on Concrete), 1999, b/w, gelatin silver print, 111.8 x 175.3 cm

Rapture Series (Women Showing Hands), 1999, b/w, gelatin silver print, 116.5 x 174.6 cm

Still photography: Larry Barns

Fervor Series (Couple at Intersection, from above), 2000, b/w, gelatin silver print, 119.4 x 149.9 cm

Fervor Series (Mullah, Men and Women, from above), 2000, b/w, gelatin silver print, 120.7 x 148.6 cm

Fervor Series (Mullah cut in Half), 2000, b/w, gelatin silver print, 86.4 x 149.9 cm

Fervor Series (Crowd from Front, close up), 2000, b/w, gelatin silver print, 104.1 x 151.1 cm

Fervor Series (Crowd from Back, close up), 2000, b/w, gelatin silver print, 109.2 x 148.6 cm

Still photography: Larry Barns

Turbulent

1998, Video/Sound Installation, b/w, 10 minutes

Director: Shirin Neshat

Director of Photography: Ghasem Ebrahimian

Female performer, vocalist, composer: Sussan Deyhim

Male performer: Shoja Youssefi Azari

Vocalist for male performer: Shahram Nazeri

Music for male performer composed by: Kambiz Roshan Ravan

Poetry by: Jalal al-Din Rumi

Producer: Bahman Soltani

Production Supervisor: Mario Chioldi

Still Photography: Larry Barns

Production Co-ordinators: Tamalyn Miller, Azin Valin

Rapture

1999, Video/Sound Installation, b/w, 13 minutes
Director: Shirin Neshat
Director of Photography: Ghasem Ebrahimian
Music and Sound Design: Sussan Deyhim
Written by: Shirin Neshat, Shoja Youssefi Azari
Producer (Morocco): Hamid Farjad
Producer (US): Bahman Soltani
Editors: Shirin Neshat, Shoja Youssefi Azari, Bill Buckendorf
Production Manager (Morocco): Jane Loveless
Production Manager (US): Tamalyn Miller
Costume Designer: Noureddine Amir
Still Photography: Larry Barns
Camera Assistant: Mustapha Marjane
Key Grip and Dolly: Abdelaziz Makramani
Second Grip: Abderahmane Fahim
Assistant to Director: Mamoun Chentit, Zineb Charhourh, Fatima Bahmani, Mustapha Sbia

Sponsored by: Galerie Jérôme de Noirmont, Paris
Zeitwenden. Rückblick und Ausblick, Stiftung für Kunst und Kultur e.V., Kunstmuseum Bonn
Royal Air Maroc

Fervor

2000, Video/Sound Installation, b/w, 10 minutes
Director: Shirin Neshat
Director of Photography: Ghasem Ebrahimian
Music and Sound Design: Sussan Deyhim
Written by: Shirin Neshat, Shoja Youssefi Azari
Actress: Mitra Ghamsari
Actors: Houshang Touzie, Mohammad Ghafari
Line-Producer: Hamid Farjad
Producer: Barbara Gladstone
Commissioned by: The Wexner Center for the Arts, Columbus
Editors: Shirin Neshat, Shoja Youssefi Azari, Bill Buckendorf
Art Director: Shahram Karimi
Costume Designer: Noureddine Amir
Still Photography: Larry Barns
Sound: Tarik Benbrahim
Assistant to Director: Mamoun Chentit
Production Manager: Abdelnabi Benzi
Camera Assistant: Mustapha Marjane
Key Grip: Abdelghami Rifki
Grip: Abdelaziz Makramani
Second Grip: Driss Marzak
Gaffer: Hassan Abou

All works: Courtesy Barbara Gladstone Gallery, New York

Shirin Neshat

geboren 1957 in Kaswin, Iran,
lebt und arbeitet in New York

born 1957 in Qazvin, Iran.
Lives and works in New York

Ausgewählte Einzelausstellungen

Selected Solo Exhibitions

2000

Kunsthalle Wien, Vienna; Serpentine Gallery, London (cat.)
Dallas Museum of Art, Dallas
Pitti Discovery, Florence
Galleria Lia Rumma, Milan
Matrix, Berkely Art Museum, Berkeley
The Wexner Center for the Arts, Columbus

1999

Malmö Konsthall, Malmö
Rapture, Art Institute of Chicago, Chicago
Patrick Painter Gallery, Los Angeles
D'Amelio Terras Gallery, New York
Rapture, Galerie Jérôme de Noirmont, Paris (cat.)
Henie Onstad Kunstsenter, Høvikodden
Galleria Lia Rumma, Milan
Tensta Konsthall, Spanga

1998

Turbulent, Tate Gallery, London
Turbulent, Whitney Museum of American Art, Philip Morris Branch, New York
Shirin Neshat, Maison Européenne de la Photographie, Paris
Thomas Rehbein Galerie, Cologne
Bruce Museum, Greenwich, Connecticut

1997

Hosfelt Gallery, San Francisco
Moderna galerija, Ljubljana (cat.)
Annina Nosei Gallery, New York (cat.)
Galleria Arte Moderna, Bologna
Lumen Travo, Amsterdam
Artspeak, Vancouver (cat.)

1996

Centre d'Art Contemporain, Kunsthalle Fribourg
Marco Noire Contemporary Arts, Turin
Galleria Lucio Amelio, Naples (cat.)
Haines Gallery, San Francisco

1995

Annina Nosei Gallery, New York

1993

Unveiling, Franklin Furnace, New York

Ausgewählte Gruppenausstellungen

Selected Group Exhibitions

2000

Whitney Biennial, Whitney Museum of American Art, New York (cat.)
The Fruitmarket Gallery, Edinburgh
Lyon Biennial, Lyon
Biennale of Sydney, Sydney
Kwangju Biennale, Kwangju
Contact: A 90's Journal, Contemporary Arts Museum, Houston
Kunstsammlung Nordrhein-Westfalen, Düsseldorf
The End: An Independent Vision of Contemporary Culture, 1982–2000, Exit Art New York

1999

Carnegie International 1999/2000, Carnegie Museum of Art, Pittsburgh
Voiceovers, Art Gallery of New South Wales, Sydney
Project 70: Shirin Neshat, Simon Patterson, Xu Bing, The Museum of Modern Art, New York; Carnegie International, Carnegie Museum of Art, Pittsburgh
My Culture – My Self. Lee Friedlander, Gerhard Richter, Christian Boltanski, Shirin Neshat, Ydessa Hendeles Art Foundation, Toronto
La Biennale di Venezia 99, Venice (cat.)
Exploding Cinema, Rotterdam Film Festival, Museum Boijmans Van Beuningen, Rotterdam (cat.)
Video Cul/tures. Installationen der 90er Jahre, ZKM/Museum für Neue Kunst, Karlsruhe (cat.)
La Ville, Le Jardin, La Mémoire, Villa Medici, Rome

Kunst-Welten im Dialog. Von Gauguin zur globalen Gegenwart. Global Art Rheinland 2000, Museum Ludwig, Cologne (cat.)
Shirin Neshat: Rapture/Pipilotti Rist: Sip My Ocean, Fabric Workshop & Museum, Philadelphia
Looking For A Place, The Third International Biennal, Site Santa Fe, Santa Fe (cat.)
Zeitwenden. Rückblick und Ausblick, Kunstmuseum Bonn, Bonn (cat.)
Heaven, Kunsthalle Düsseldorf, Düsseldorf; Tate Gallery, Liverpool (cat.)
Skin, Deste Foundation, Athens

1998
On the Edge. New Art from Private Collections in France, Helena Rubinstein Pavilion for Contemporary Art, Tel Aviv (cat.)
Unfinished History, Walker Art Center, Minneapolis, Museum of Contemporary Art, Chicago (cat.)
In The Detail, Barbara Gross Galerie, Munich
7th Summer of Photography, Museum van Hedendaagse Kunst, Antwerpen
Mar de Fondo, Roman Theatre of Sagunto, Valencia (cat.)
Vanessa Beecroft & Shirin Neshat, Galleria d'Arte Moderna, Bologna
Maschile Femminile e oltre, Palazzo Branciforte, Palermo
Mostrato, Pescara
Echolot oder 9 Fragen an die Peripherie, Museum Fridericianum, Kassel (cat.)
Transatlantico, Centro Atlántico de Arte Moderno, Las Palmas de Gran Canaria
A Noir, Triennale di Milano, Milan
Interference, Comunidad de Madrid, Madrid
Genders and Nations: Reflections on Women in Revolution, Johnson Museum, Cornell University, Ithaca, New York
Kunst in Vrijheid (Art in Freedom), Museum Boijmans Van Beuningen, Rotterdam
Digital Sounds, Museu d'Arte Contemporanei de Barcelona, Barcelona

1997
On Life, Beauty, Translations and Other Difficulties, 5th International Istanbul Biennial, Istanbul (cat.)
Trade Routes: History and Geography, 2nd Johannesburg Biennial 1997, Johannesburg (cat.)
Unbeschreiblich Weiblich?, Fotomanifestatie Noorderlicht 1997, Groningen
Triple X: Contemporary Investigating Arts, International Art Festival, Amsterdam
Der Rest der Welt, Haus der Kulturen der Welt, Berlin (cat.)
International Art Festival City of Medellin, Medellin
Feminine Image, Nassau County Museum of Art, Roslyn Harbor, New York (cat.)
Fracturing the gaze, Lawing Gallery, Houston

1996
Jurassic Technologies Revenant, Sydney Biennial, Sydney (cat.)
Le Masque et Le Miroir, Rencontres Internationales de la Photographie, Arles, Museu d'Arte Contemporanei de Barcelona, Barcelona (cat.)
Inklusion/Exklusion, Künstlerhaus, Graz (cat.)
Radikale Bilder. 2. Österreichische Triennale zur Fotografie 1996, Neue Galerie am Landesmuseum Joanneum & Künstlerhaus, Graz; Szombathelyi Képtár, Szombathelyi (cat.)
Interzones, Kunstforeningen G1 Strand, Copenhagen; Uppsala Konstmuseum, Uppsala (cat.)
Ghostwriter, with Jamielie Hassan, Mercer Union, Toronto
Haines Gallery, San Francisco
Auf den Leib geschrieben, Kunsthalle Wien, Vienna (cat.)
Gallery Artists, Galerie Lumen Travo, Amsterdam
Art in the Anchorage, Creative Time, New York
foto text/text foto, Museion, Museum für Moderne Kunst, Bozen; Kunstverein Frankfurt, Frankfurt (cat.)
Imaginary Beings, Exit Art, New York

1995
Orientation, 4th International Istanbul Biennial, Istanbul (cat.)
Transculture, La Biennale di Venezia 95, Venice (cat.); Naoshima Contemporary Art Museum, Okayama (cat.)
Campo'95, La Biennale di Venezia 95, Venice (cat.); Fondazione Sandretto Rebaudengo Per L'Arte, Turin (cat.)
It's How You Play the Game, Exit Art, New York
Gallery Artists, Annina Nosei Gallery, New York

1994
Three New Photographers, Haines Gallery, San Francisco
Revolving Histories, SF Camerawork, San Francisco
Selection from the Artists File, Artists Space, New York
Labyrinth of Exile: Recent Works by Four Contemporary Iranian Artists, Fowler Museum of Cultural History, UCLA, Los Angeles
Beyond the Borders: Art By Recent Immigrants, The Bronx Museum of the Arts, New York (cat.)
The Office: History, Fantasy and Irregular Protocols, Lower Manhattan Cultural Council in New York

1993
Fever, Exit Art Gallery, New York; The Wexner Center for the Arts, Columbus

Preise und Stipendien

Awards and Grants

1999

First International Prize, La Biennale di Venezia, Venice

ARCO, Madrid

1996

New York Foundation for Arts Photography Fellowship

Tiffany Foundation

1995

Fund for U.S. Artists at International Festivals and Exhibitions

Mid-Atlantic Photography Fellowship

Art Matter Grant

1991–92

Artists in Residence, Henry Street Settlement, New York

New York State Council on the Arts

Monographien

Publications

DIEGO CORTEZ: *Shirin Neshat,* Lucio Amelio Gallery, Naples 1996

HAMID DABASHI, DIEGO CORTEZ: *Shirin Neshat*, Annina Nosei Gallery, New York 1997

Shirin Neshat. Women of Allah, Turin: Marco Noire Editore 1997, Texts: Francesco Bonami, Hamid Dabashi, Octavio Zaya, Shirin Neshat

JACQUELINE LARSON, SUSAN EDELSTEIN: *Shirin Neshat Women of Allah*, Vancouver: Artspeak Gallery 1997

HÉLÈNE BASTAIS: *Shirin Neshat. Women of Allah*, Paris: Maison Européenne de la Photographie 1998

Shirin Neshat: Turbulent, New York: Whitney Museum of American Art at Philip Morris 1998, Text: Neery Melkonian

Shirin Neshat. Rapture, Paris: Galerie Jérôme de Noirmont 1999 Text: James Rondeau

Ausgewählte Artikel

Selected Articles

2000

CAHMI, LESLIE: Lifting the Veil, *Art News,* February

1999

BLANCHETTE, MANON: 'Karlsruhe. Video cultures ou quelques exemples d'interrogation du regard', Etc Montreal, December

WALLACH, AMEI: 'Striking a balance between Western and Islamic Values', *The New York Times*, November 23

JONES, RONALD: 'Sovereign Remedy', *Artforum*, October

POLITI, GIANCARLO: 'The Venice Biennale', *Flash Art*, October

GELLATLY, ANDREW: 'Just add water', *Frieze*, September/October

BIRNBAUM, DANIEL: 'Practice in theory', *Artforum*, September

'F: Female Trouble', *Esquire*, September

ZAYA, OCTAVIO: 'Shirin Neshat', *Interview Magazine*, September

ALIMANESTIANU, IRINA: 'Shirin Neshat', *Art Issues*, September/October

VERZOTTI, GIORGIO: 'La Biennale delle culture emergenti', *Tema Celeste*, July/September

RUGOFF, RALPH: 'Global art reaches Santa Fe', *Financial Times*, July 31–August 1

CAMPER, FRED: 'Houses Divided', *Chicago Reader*, July 9

DANTO, ARTHUR C.: 'Pas de Deux, en Mass: Shirin Neshat's Rapture', *The Nation*, June 28

SIMRANS, FRANKLIN: 'Shirin Neshat, Rapture', *Time Out New York*, June 17–20

ROWLEY, ALEXANDRA: 'Face Off', *Village Voice*, June 8

PAGEL, DAVID: 'Opposites Attract Metaphors in Black-and-White Rapture', *Los Angeles Times*, May 21

OBEJAS, ACHY: 'Daughter of Iran', *Chicago Tribune*, May 11

GLASER, SHEILA: 'Shirin Neshat's Rapture at D'Amelio Terras', *Art & Auction*, May

SCHORR, COLLIER: 'Turbulence and Rapture' *Harper's Bazaar*, May

SMITH, VALERIE: 'Reviews: Shirin Neshat', *New Art Examiner*, April

MILLER, PAUL D.: 'Motion Capture: Shirin Neshat's Turbulent', *Parkett*, No. 54

SALTZ, JERRY: 'New Channels: Shirin Neshat & Doug Aitkin', *Village Voice*, January 12

NEEL, ALEX: 'Shirin Neshat: Turbulent', *Time Out New York*, January 7

1998

COTTER, HOLLAND: 'Shirin Neshat', *The New York Times*, November 27

KENT, SARAH: 'Shirin Neshat', *Time Out London*, December 12

GREENBERG, SARAH: 'Women's Words', *The Art Newspaper*, December

F. SA. S.: 'Le turbolente preghiere di Shirin', *Domenica*, December 6

ATTIAS, LAURIE: 'Shirin Neshat' at La Maison Européenne de la Photographie, Paris, *Art News*, November 98

TURNER, JONATHAN: 'Portraits of a Lady', *Art News*, November

BARRAGAN, PACO: 'Shirin Neshat: Women of Allah', *Metropolis*, No. 5

ZAYA, OCTAVIO; ZABEL, IGOR; GONZALO, PILAR: 'Shirin Neshat', *ARTEPARTE*, June/July
'Identity', Grand Street, No. 62
CORK, RICHARD: 'Diana – The never ending picture show', *Times Magazine,* London, August 29
'Three Decade Inside Art', *Flash Art*, Summer issue
ZIMMER, WILLIAM: 'Two Ways to Tell a Story Very Carefully', *The New York Times*, June 7
GOODMAN, JONATHAN: 'Poetic Justice: Shirin Neshat Defends the Faith', *World Art*, No. 16
FALCES, MANUEL: 'Nueve formas de uso radical de la camara', *El Pais*, April 2
HEARTNEY, ELEANOR: 'Report from Istanbul: In the Realm of the Senses', *Art in America*, April
ZABEL, IGOR: 'Shirin Neshat', *Moscow Art Magazine*, No. 19
PICCOLI, CLOE: 'Le Ultime Donne', *La Repubblica delle Donne*, March 31
KAWACHI, TAKA: 'Rising Arabic/Islamic female Artists in New York', *Composite*, Vol. 2, No. 3, April
SIERRA, RAFAEL: 'La mujer islamica ha sideo traicionada por la Revolucion', *El Mundo*, April 2
MACRI, TERESA: 'Il Turbamento di Shirin Neshat', *Il Manifesto*, February 22
'La Turbulencia Irani', *El Pais*, February 17
ANDERSON, GENEVA: 'Fundamentale Gesichtspunkte: Ein Gespräch mit Shirin Neshat', *Neue Bildende Kunst*, January
'Spin City: Christian Haye on the Istanbul, Johannesburg and Kwangju Biennale', *Frieze*, January/February, No. 38
MARTÍNEZ, ROSA: 'Istanbul Biennale', *Flash Art*, January

1997

BERTUCCI, LINA: 'Shirin Neshat', *Flash Art*, November/December
ZADO, JULIA: 'An Extreme Case of Faith', *View on Colour*, No. 11, October
HOHOLT, STINE: 'Women in Iran', *Journal of Photography & Video*, October
SIRMANS, FRANKLIN: 'Johannesburg Biennale', *Flash Art*, October
SUNER, MAITE: 'Iran Miradas sin voz', *Marie Claire*, October
GRAY, LORI: 'New Art Blows into the Windy City', *Art & Auction*, May
RIBALTA, JORGE: 'Diez fotografas muestran sus autorretratos falsos en el Macba', *La Vanguardia* April
MANIA, PATRIZIA: 'Dietro il Chador', *Opening*, Spring
CHAIKLIN, AMY: 'Shirin Neshat: Recollection of a studio encounter', *NY Arts Magazine*, July
LIVIA, PALDI: 'Allah asszonyai', *Balkon*, June
LTB: 'Iraans oogwit beschilderd met inkt', *De Volkskrant*, April
KUHN, NICOLA: 'Sprung aus der Schublade', *Der Tagesspiegel*, May
'Berliner Ausstellungsstreit Wem gehört die Moderne?', *Die Welt*, May
DE VRIES, MARINA: 'Vrouwen van Allah zwijegen', *Het Parool*, April
KLEINSCHMIDT, KLAUS: 'Shirin Neshat', *Spiegel Das KulturMagazin EXTRA*, February
'Lo Visible Y Lo Invisible', *ABC Cultural*, February
'La Presencia Feminista', *Diario 16*, February
Intervista, February

1996

ZAYA, OCTAVIO: 'Q+A: Shirin Neshat', *Creative Camera*, October/November
KIRKER, ANNE: 'Politics of Spirituality', *Photofile*, November
MESSITTE, ABBY: 'Shirin Neshat', *TART Magazine*, Summer
KASAM, VIVIANA: 'L'Islam sulla pelle', *IO Donna*, June
'Take it to the bridge', *New York Magazine*, July
'Ein Medium Gewinnet Seine Freiheit', *Art das Kunstmagazin*, June
SMITH, ROBERTA: 'In Tomblike Vaults, the Future Flickers and Hums', *The New York Times*, August 9
NOWICK, SHAY: 'Shirin Neshat', *Juxtapoz*, Summer
ZAYA, OCTAVIO: 'Armed and Dangerous', *Arude*, Spring
REID, CALVIN: 'Review', *Art In America*, March
LEMME, MARIA TIZIANA: 'Femminismo e chador, le donne di Allah', *Il Mattino*, February
BARATTA, ENZO: 'Donne di Allah, vittime dell'Islam', *Il Giornale di Napoli*, February
MACRI, TERESA: 'Le Donne Svelate', *Il Manifesto Extra*, February

1995

SCHWENDENER, MARTHA: 'Review', *New Art Examiner*, December
SCHWABSKY, BARRY: 'Review', *Artforum*, December
'Allah in Kadinlari', *Hürriyet*, November
KOYNUCUOGLU, EMRE: 'Sterotip' in Otesindeki Doglu Kadin', *Cumhürriyet*, November
SANTING, FROUKJE: 'Review of Istanbul Biennal', *NRC-Handelsblad*, November 27
KARMEL, PEPE: 'Art in review of exhibition at Annina Nosei *The New York Times*, October 20
LEVIN, KIM: 'Choices', *Village Voice*, October 24
BUDNEY, JEN; PULTZ, SHANNON: 'A Centenarian Biennal', *Flash Art*, October
RAYNOR, VIVIEN: 'From Around the World, With Sparkle, on Human Scale', *The New York Times*, September 17
TURNER, JONATHAN: 'Biennial Blues', *Art News*, Special Summer Issue
ZAYA, OCTAVIO: 'Neshat: Quiero contarel complejo mundo de la mujer musulmana', *Diario 16*

1994

ZAYA, OCTAVIO: *Flash Art*, December
ZAYA, OCTAVIO: 'Shirin Neshat and the Women of Allah', *Purple Prose*, No. 7
TANAKA, RODNEY 'Artists explore identity in new Fowler exhibit', *UCLA publication*, Summer

Ausstellung

Shirin Neshat

31.3. – 4.6.2000
Kunsthalle Wien
Museumsplatz 1
1070 Wien

Kurator: Gerald Matt
Projektleitung: Gabriele Mackert
Produktion: Susanne Kappeler
Technik: Paul Lehner
Werbung, Presse: Thomas Soraperra, Claudia Bauer
Foundraising: Marianne Greber
Vermittlung: Claudia Ehgartner
Restaurator: Andreas Gruber
Transporte: hs Art, Wien

Direktor: Gerald Matt
Geschäftsführerin: Bettina Leidl
Leitende Kuratorin: Sabine Folie

Die Kunsthalle Wien ist die Ausstellungsinstitution der Stadt Wien für moderne und zeitgenössische Kunst.

WIEN KULTUR

Exhibition

Shirin Neshat

28.7. – 3.9.2000
Serpentine Gallery
Kensington Gardens
London W2 3XA

Director: Julia Peyton-Jones
Chief Curator: Lisa Corrin
Exhibition Organiser: Leigh Markopoulos
Gallery Manager: Michael Gaughan
Head of Development and Press: Kathy Stephenson
Press Officer: Rose Dempsey

The Serpentine Gallery is supported by the Arts Council of England and the Westminster City Council

Funded by The Arts Council of England
Supported by City of Westminster
Supported by the National Lottery through the Arts Council of England

Impressum

Colophon

Shirin Neshat

Herausgeber/Publisher:
Kunsthalle Wien, Gerald Matt; Serpentine Gallery, London, Julia Peyton-Jones
Redaktion/Editor: Gabriele Mackert
Lektorat/Copy Editing: Claudia Mazanek, Wolfgang Astelbauer, Julia Scheffer
Production Editor London: Leigh Markopoulos
Übersetzungen/Translations: Wolfgang Astelbauer, Kimi Lum, Michael Strand
Grafik/Design: Dieter Auracher
Druck/Printing: Graphische Kunstanstalt Otto Sares GmbH, Wien

Gedruckt in Österreich
Printed in Austria

ISBN 3-85247-025-0
Kunsthalle Wien
Serpentine Gallery, London

Die Deutsche Bibliothek – CIP-Einheitsaufnahme

Shirin Neshat : 31.3. – 4.6.2000, Kunsthalle Wien, 28.7. – 3.9.2000, The Serpentine Gallery, London / [Hrsg.: Gerald Matt ; Julia Peyton-Jones. Übers.: Wolfgang Astelbauer …]. - Wien: Kunsthalle, 2000
ISBN 3-85247-025-0

Dank

Thanks

Shirin Neshat
Barbara Gladstone, Jessica Frost and Lodovica Busiri Vici from Barbara Gladstone Gallery, New York
Don Patrick, New York

Leihgeber/Lender
Barbara Gladstone Gallery, New York